Ina Dahm

LARP

Einstieg in ein phantastisches Hobby

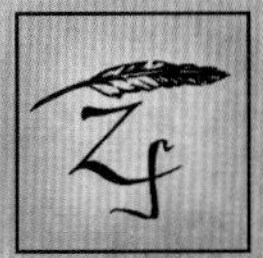

Zauberfeder Verlag, Braunschweig, Germany

LARP – Einstieg in ein phantastisches Hobby

2. Auflage 2015

Text: Ina Dahm (Hauptautorin), Ingo Dahm (Co-Autor)
Lektorat: Stephan Naguschewski
Fotos: Christian Braun, Karsten Dombrowski, Lucas „Emmerax" Ebersberger, Norbert Fleck, Karsten „Kelric" Flögel, Gebrüder Goldhammer, Thomas Hahlbrock, Plougmann (iStockphoto), Nabil Hanano, Oliver Hitzler (Dark-Intense), Ralf Hüls, Marja Kettner, Mindforge, Tara Moritzen, Heike Philipp, Photocase, Nico Rensch, Christian Schmal, Tim Skora, Waldritter e.V., Patrick Wichert
Cover: Nabil Hanano
Art Direktion: Christian Schmal
Projektkoordination: Torsten Buchmann-von der Heyden, Karsten Dombrowski
Satz und Layout: Christian Schmal
Herstellung: Tara Tobias Moritzen
Druck und Bindung: UAB BALTO print, Vilnius

Bildnachweise
Christian Braun, Seiten 17, 29, 42. Karsten Dombrowski, Seite 23 (oben). Lucas „Emmerax" Ebersberger, Seiten 22 (rechts), 71.
Norbert Fleck, Seiten 36, 67 (unten). Karsten „Kelric" Flögel, Seiten 19, 21 (unten), 56. Gebrüder Goldhammer, Seite 35. Thomas Hahlbrock, Seite 24 (unten).
Nabil Hanano, Seiten 5, 8, 11, 12, 15, 16, 18, 26, 37, 41, 43, 44, 48, 52, 60, 61, 69. Oliver Hitzler (Dark-Intense), Seite 20 (unten). Ralf Hüls, Seiten 21 (oben), 33, 38, 46.
Marja Kettner, Seiten 31, 49. Mindforge, Seite 22 (links). Tara Moritzen, Seiten 27, 39, 40, 50, 51, 54. Heike Philipp, Seite 63.
Plougmann (iStockphoto), Seite 47. Photocase, Seite 30. Nico Rensch, Seite 58. Christian Schmal, Seiten 32, 34, 55, 57, 62, 65 (unten), 68, 70.
Tim Skora, Seite 67 (unten). Waldritter e.V., Seiten 24 (oben), 65 (oben). Patrick Wichert, Seite 23 (unten).

Printed in Lithuania
ISBN: 978-3-938922-38-5
www.zauberfeder-verlag.de

LARP

Einstieg in ein phantastisches Hobby

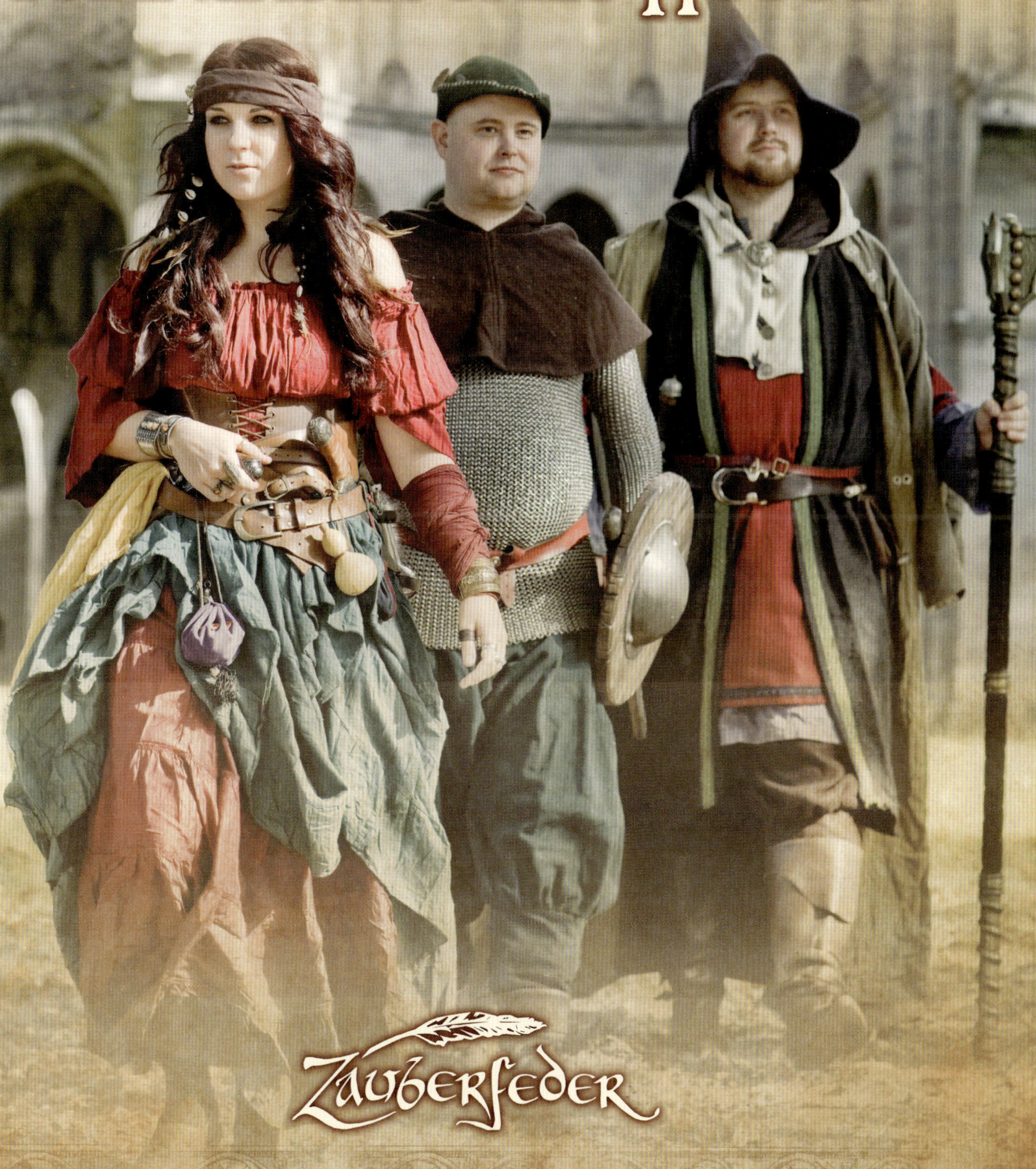

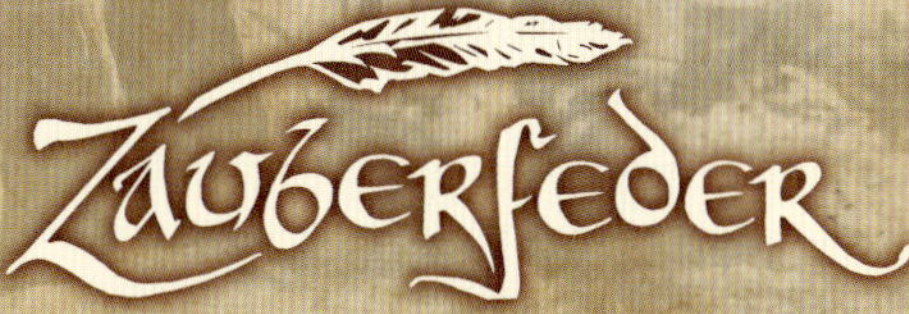

Inhalt

Danksagung

Unser Dank gilt allen Live-Rollenspielern, denen wir im Laufe der Jahre begegnet sind, mit denen wir spielen durften und die eine wunderbare Gemeinschaft bilden, in deren Mitte wir uns zu Hause fühlen. Ganz besonders danken wir den Spielern der Dunkelmeer-Kampagne. Ihr wart und seid stets Inspiration, Zusammenhalt, Begeisterung und wunderbare Freunde. Danke für die vielen Jahre mit Euch! Für großartige Ideen, Anregungen und Passagen ein Riesendankeschön an Stephan, Patrick und Axel sowie an Thilo für die Statistiken des LARP-Kalenders. Wir bedanken uns für die Geduld und das Vertrauen beim Zauberfeder Verlag und senden dem alten Avari einen herzlichen Gruß für die schönste Hymne des Dunkelmeeres!

Für den König!

Vorwort

Live-Rollenspiel, auch LARP genannt (von Live Action Role Playing), ist ein faszinierendes und kreatives Hobby. Vermutlich interessierst Du Dich bereits dafür, denn schließlich hast Du ja dieses Buch aufgeschlagen. Und ganz egal ob Du es selbst ausgesucht und gekauft hast, oder ob es Dir auf dem stillen Örtchen Deines besten Freundes in die Hände gefallen ist: Dieses Buch wird versuchen, Dir die Welt des Live-Rollenspiels näherzubringen.

Eventuell bist Du bereits infiziert vom „Virus Live-Rollenspiel", und Dein sehnlichster Wunsch ist es, endlich loslegen zu können, mitzumachen, einzutauchen in die Welt der Fantasie. Dann werden Dir die folgenden Seiten den Einstieg erleichtern, viele Deiner Fragen klären und Dir wertvolle Tipps geben.

Worum geht es bei diesem Spiel? Wo findet es statt? Und: Was soll ich bloß anziehen? All das sind Fragen, die einen „Neuling" (zu Recht) beschäftigen.

Schließlich gibt es da noch die Vorurteile und Sorgen all jener, die seltsam anmutende Gerüchte über Live-Rollenspiel gehört haben, und sich aufgrund fehlender Literatur bisher nicht selber ein Bild verschaffen konnten. Auch für sie sind diese Seiten geschrieben – jeder soll wissen, wie viel Spaß und Freude Live-Rollenspiel bringen kann und was Reiz und Faszination dieses Hobbys ausmacht.

Doch da es kaum etwas gibt, das so vielfältig ist wie die Welt des Live-Rollenspiels, erheben wir hier keinerlei Anspruch auf Gemeingültigkeit. Es wird immer jemanden geben, der dieses oder jenes anders erklärt oder formuliert hätte. Und das ist auch gut so! Die hier gesammelten Tipps können wir trotzdem guten Gewissens weitergeben. Im Laufe der Zeit entwickelt jeder seine eigenen Ideen und seinen eigenen Stil. Doch um den Start einfacher zu gestalten, lohnt es sicher, die Ideen und Hinweise auf den folgenden Seiten zu studieren und auszuprobieren.

Lest also und bildet Euch Eure eigene Meinung, findet Euren eigenen Weg zum Live-Rollenspiel!

Und lasst vor allem eins spielen: Eure Fantasie.

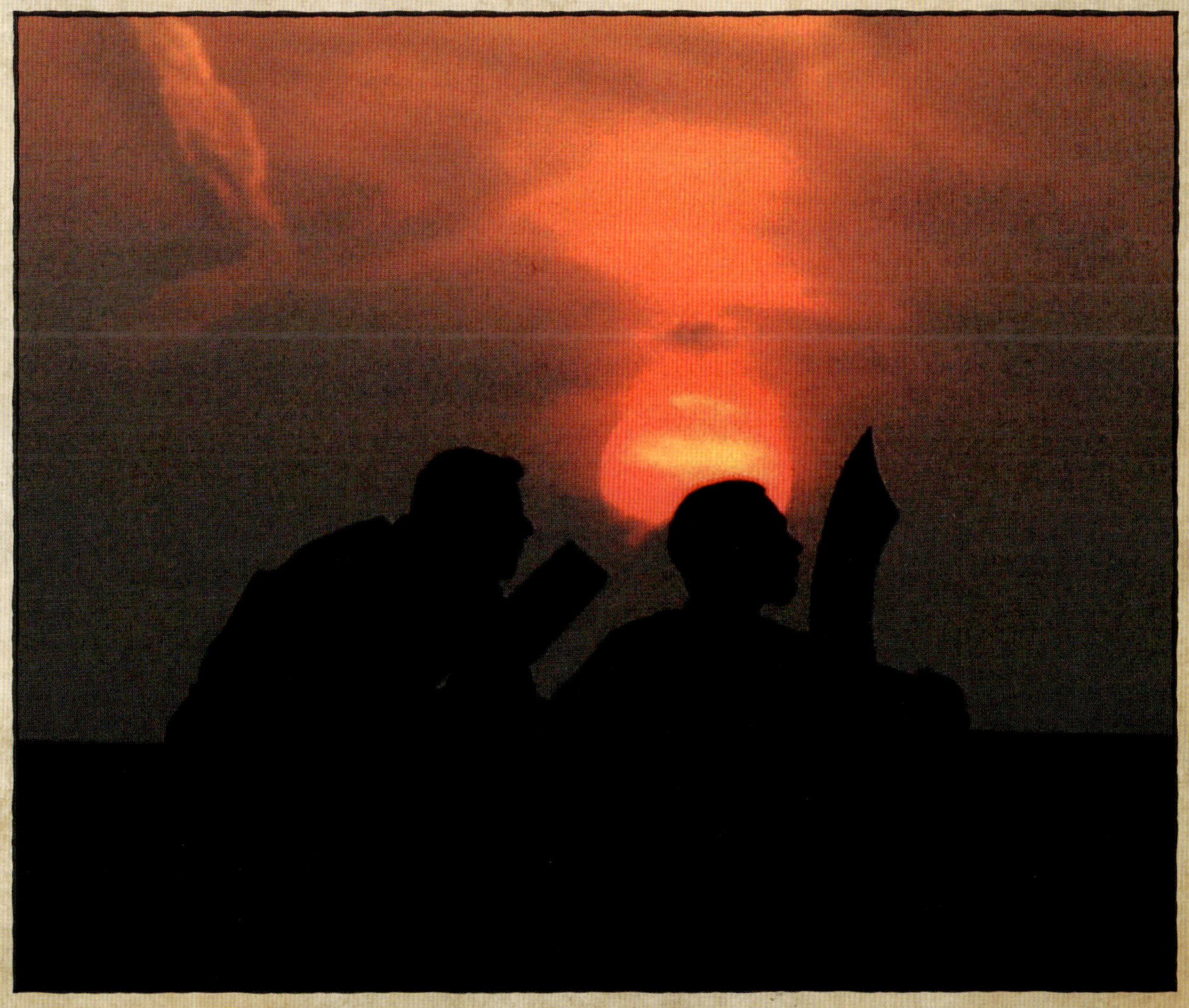

Glossar

Charakter: Die fiktive Figur, die ein ➡ *Teilnehmer* innerhalb der Spielwelt darstellt.

Check-In: Beim Check-In wird zu Beginn des ➡ *Cons* die Anwesenheit eines Teilnehmers registriert und geprüft, ob er den Teilnahmebeitrag bezahlt hat. Gegebenenfalls können hier auch Fragen zum ➡ *Charakter* und zu Unterbringung und Verpflegung geklärt werden. Häufig wird die ➡ *SL* bei dieser Gelegenheit auch die Sicherheit der ➡ *Waffen* überprüfen.

Con: Von engl. *Convention*. Eine unter Live-Rollenspielern gebräuchliche Bezeichnung für LARP-Veranstaltungen.

Dieben: Wenn ➡ *Charaktere* einander im Spiel bestehlen, wird das *Dieben* genannt (als Abgrenzung zum realen Diebstahl, der natürlich auch eine reale Anzeige zur Folge hätte).

DKWDK bzw. **DKWDDK:** Abkürzung für *Du kannst was Du kannst* beziehungsweise *Du kannst was Du darstellen kannst*. Eine Spielphilosophie, die ohne Erfahrungspunkte und Fertigkeiten auskommt.

Erfahrungspunkte: Sie spiegeln in zahlreichen LARP-Regelwerken die Erfahrung eines ➡ *Charakters* wieder. Je mehr Erfahrungspunkte ein Charakter gesammelt hat, desto mehr oder mächtigere Fertigkeiten kann er erlernen.

Gewandung: Viele LARPer nennen ihr Kostüm liebevoll Gewandung.

Hintergrundgeschichte: Es ist üblich, sich zu seinem ➡ *Charakter* eine kleine Hintergrundgeschichte auszudenken. Er sollte eine Vergangenheit haben, aber auch Pläne für die Zukunft. Diese Geschichte hilft dabei, sich in die Spielfigur hineinzudenken.

In-fight: Körperkontakt (also Festhalten, Raufen et cetera) im LARP-Kampf wird häufig als *In-fight* bezeichnet. So etwas ist im LARP-Kampf meist nicht erlaubt. Ausnahmen müssen mit den Teilnehmern und der Spielleitung abgesprochen werden.

In-time (abgekürzt **IT**): Wird im LARP für *innerhalb des Spiels* bzw. *im Spiel befindlich* verwendet. Siehe auch: ➡ *Out-time*.

LARP: Abkürzung für Live-Rollenspiel (von *Live Action Role Play*)

Location: Veranstaltungsort, an dem ein ➡ *Con* stattfindet

Nicht-Spieler-Charakter (abgekürzt **NSC**): Wird in zweierlei Bedeutung verwendet. Zum einen als Bezeichnung für eine bestimmte Kategorie von Teilnehmern, welche die ➡ *SL* bei der Durchführung des ➡ *Cons* unterstützen, zum anderen als Sammelbegriff für die ➡ *Charaktere*, die diese Teilnehmer darstellen. Das sind meist Rollen, die für den ➡ *Plot* wichtig sind, oder Monstereinsätze, bei denen die ➡ *SCs* in Kämpfe verwickelt werden sollen.

Orga: Abkürzung für *Organisations-Team*. Die Orga ist für die Vorbereitung des ➡ *Cons* sowie für out-time Logistik (z.B. Verpflegung, Kontakte mit dem Location-Betreiber) zuständig. Oft gibt es Überschneidungen mit der ➡ *SL*, beziehungsweise diese ist mit der Orga sogar identisch.

Out-time (abgekürzt **OT**): Wird im LARP für *außerhalb des Spiels* bzw. *nicht im Spiel befindlich* verwendet. Siehe auch: ➡ *In-time*.

Plot: Die Spielhandlung eines ➡ *Cons*. Meist gibt es einen großen Hauptplot, der sich wie ein roter Faden durch das Spiel zieht (es droht z.B. ein finsterer Dämon durch ein magisches Portal zu treten und muss daran gehindert werden). Dazu kommen häufig weitere kleinere Nebenplots (z.B. ein rätselhafter Diebstahl innerhalb einer Dorfgemeinschaft, der aufgeklärt werden muss), die mit dem Hauptplot möglicherweise nur locker oder gar nicht verknüpft sind.

Spieler-Charakter (abgekürzt **SC**): Wird wie ➡ *NSC* in zweierlei Bedeutung verwendet. Zum einen als Bezeichnung für eine bestimmte Kategorie von Con-Teilnehmern, welche unabhängig von Vorgaben der ➡ *SL* frei im Spiel agieren kann, zum anderen als Sammelbegriff für diemeist selbstgewählten ➡ *Charaktere*, die meist diese Teilnehmer darstellen.

Spielleitung (abgekürzt **SL**): Spielleiter fungieren als Ansprechpartner und Schiedsrichter während des Spiels. Unter anderem koordinieren sie die ➡ *NSCs* und den Ablauf des ➡ *Plots* und beantworten Fragen zu Regeln und dem ➡ *Charakter*. Einige Spielhandlungen (z.B. Rituale oder ➡ *Dieben*) sollten mit der Spielleitung abgestimmt werden.

Waffen: Wenn im LARP von „Waffen" die Rede ist, handelt es sich immer um (relativ) ungefährliche Waffenimitationen zur Kampfsimulation. LARP-Waffen (auch Polster- oder Latexwaffen) bestehen in der Regel aus einem Glasfaserstab, Schaumstoff und Latex.

Todesstoß: Eine bewusste Spielhandlung, um die Tötung eines kampfunfähigen ➡ *Charakters* zu simulieren. Häufig nicht gerne gesehen.

Spielunterbrechungen

In manchen Situationen ist es notwendig, das Spiel kurz zu unterbrechen, z.B. aus spieltechnischen Gründen oder aufgrund einer Gefahrensituation. Folgende Befehle (oder leichte Abwandlungen) werden auf vielen Veranstaltungen verwendet:

Time-in: Das Spiel beginnt. Wird bisweilen auch zur Wiederaufnahme des Spieles nach einer Spielunterbrechung verwendet.

Time-freeze: Eine Unterbrechung durch die SL, meist aus spieltechnischen Gründen. Häufig wird erwartet, dass die Spieler während eines Time-Freeze die Augen schließen und vor sich hin summen, zum Beispiel damit sich NSCs unbemerkt positionieren können.

Stopp: Ein Unterbrechungsruf für (reale!) Gefahrensituation. Wenn ein Mitspieler – egal wer und in welcher Spielsituation – *Stopp* ruft, wird das Spiel sofort und für alle in Hörweite unterbrochen, bis die Situation geklärt ist. Wird meist mit dem Ausruf *Weiter* aufgehoben.

Sanitäter: Der Ruf nach realer medizinischer Hilfe, der nur im realen Notfall verwendet werden darf.

Time-out: Das Spiel endet. Wird bisweilen auch alternativ zu *Stopp* verwendet.

Was ist Live-Rollenspiel?

Live-Rollenspiel? Sind das nicht diese Ritterspiele? Ist das nicht so eine Art „Räuber und Gendarm", nur mit *Herr der Ringe*? Welcher Live-Rollenspieler hat sie noch nicht gehört – die Fragen und Vermutungen von Außenstehenden, die der ganzen Angelegenheit teils interessiert, teils jedoch auch skeptisch gegenüberstehen? Und welcher Live-Rollenspieler hat sie noch nicht gegeben, die Antwort aller Antworten:

Live-Rollenspiel ist Improvisationstheater ohne Zuschauer.

Diese Beschreibung bringt zwar auf den Punkt, was man beim Live-Rollenspiel tut, zeigt aber nicht ansatzweise auf, wie es sich anfühlt! Wie soll man auch die Vielfalt, den Spaß, die Atmosphäre, den Nervenkitzel und all die Abenteuer, die ein gutes Live-Rollenspiel bietet, in ein paar Sätzen vermitteln? Live-Rollenspiel ist ein fantastisches Gesellschaftsspiel, Krimi und Geschichtsstunde in einem, es kann sportliche Herausforderung bieten und Rätselstunde sein, es fühlt sich an wie eine Mischung aus Campingurlaub und Zeitreise, mal ist es, als würde man in seinem Lieblingsfilm mitspielen, dann wieder als wäre man auf einem Mittelaltermarkt – ganz ohne Touristen.

Lina Schmidt liebt Fantasy-Romane und kann die Schlüsselszenen des Herrn der Ringe beinahe auswendig mitsprechen. Sie trifft Stefan, einen erfahrenen Live-Rollenspieler, der ihr den Reiz des Hobbys nahebringt. Er schwärmt von warmen Sommernächten am Lagerfeuer, Spießbraten in Met-Tunke, der nur auf dem Live-Rollenspiel so gut sei, und dem Eintauchen in eine Geschichte, tiefer als in jeden Kinofilm:

„Ich weiß, es ist schwer nachvollziehbar, aber wenn ich meine Rüstung angerödelt habe, dann bin ich in der Rolle drin!", erklärt Stefan. „Kann ich mir schon vorstellen", entgegnet Lina. „Wusstest du z. B., dass Viggo Mortensen, der Darsteller von Aragorn in Herr der Ringe, seine Kostüme alle selbst geflickt hat, um sich perfekt in die Rolle hineinzuversetzen?"

Stefan pfeift durch die Zähne: „Nee, aber das ist echt mal 'ne gute Idee für die Nachtwache auf einem Live-Rollenspiel." „Nachtwache?" Lina schaut eher skeptisch.

„Das ist doch das Beste!", erklärt Stefan voller Eifer. „In der Dunkelheit verschwinden all die kleinen Fehler von Maske und Schminke. Wenn dich im Fackellicht zehn Unwesen angreifen, dann wird dir echt anders! Das ist ein Kick, wie … unbeschreiblich! Adrenalin pur!" „Oh." Lina hatte sich die Lagerfeueratmosphäre etwas anders vorgestellt.

„Keine Sorge!", grinst Stefan. „Wenn du mitkommst, ist es meine ritterliche Pflicht, über deinen Nachtschlaf zu wachen. Aber wenn du ins Bett gehst, verpasst du was!"

Live-Rollenspiel kann für jeden etwas bieten: Lagerfeueridylle für die Romantiker, große Schlachten für die Abenteurer, Rätsel und Geheimnisse für die Detektive, höfische Tänze und Festmähler für die Edlen. Und doch kann man gar nicht mit Worten erklären, was Live-Rollenspiel ist. Klar kann man davon erzählen, aber die Freude, den Spaß und das Abenteuer kann man nur begreifen, wenn man einmal selbst ein Live-Rollenspiel erlebt hat.

Willkommen auf dem Weg dorthin!

Ablauf eines Live-Rollenspiels

Bei einem Live-Rollenspiel denkt sich eine Gruppe (die Spielleitung, kurz SL) eine Geschichte (den sogenannten Plot) aus. Es könnte zum Beispiel darum gehen, dass Räuber eine Prinzessin entführen und der König tapfere Recken sucht, um die Prinzessin zu befreien. Diese tapferen Recken findet die SL in den Spieler-Charakteren (kurz SCs), die anreisen, um die Räuber zu stellen und die Prinzessin zu retten – gespielt von Euch. Prinzessin, König und Räuber spielen Personen, die als Nicht-Spieler-Charaktere (kurz NSCs) bezeichnet werden.

Und damit kann man sich ein ganzes Wochenende beschäftigen, fragt Ihr Euch?

Oh ja, man kann. Denn die SL wird alles tun, um das Spiel spannend und unterhaltsam zu gestalten. Ein Wald voller Mysterien und Geister, ein Räuberversteck voller Fallen und Geheimtüren, unerwartete Schwierigkeiten, die nur im ehrenhaften Duell „Mann gegen Mann" zu überwinden sind ... Das Spiel besteht in der Regel aus weit mehr, als auf den ersten Blick zu erwarten ist: Abenteuer neben der Haupthandlung, die Darstellung interessanter Charaktere, die ihre eigene Geschichte zu erzählen vermögen und mitunter auch ein dunkles Geheimnis verbergen, oder ein faszinierendes Ambiente, das man einfach nur genießen möchte.

Die Vorbereitung einer solchen Veranstaltung durch die SL dauert oft Monate. Und wenn alle diese Überraschungen bravourös gemeistert sind, dann (und nur dann!) wird der König am Ende wieder die Prinzessin in Empfang nehmen können, und auf die Spieler wartet eine feine Belohnung.

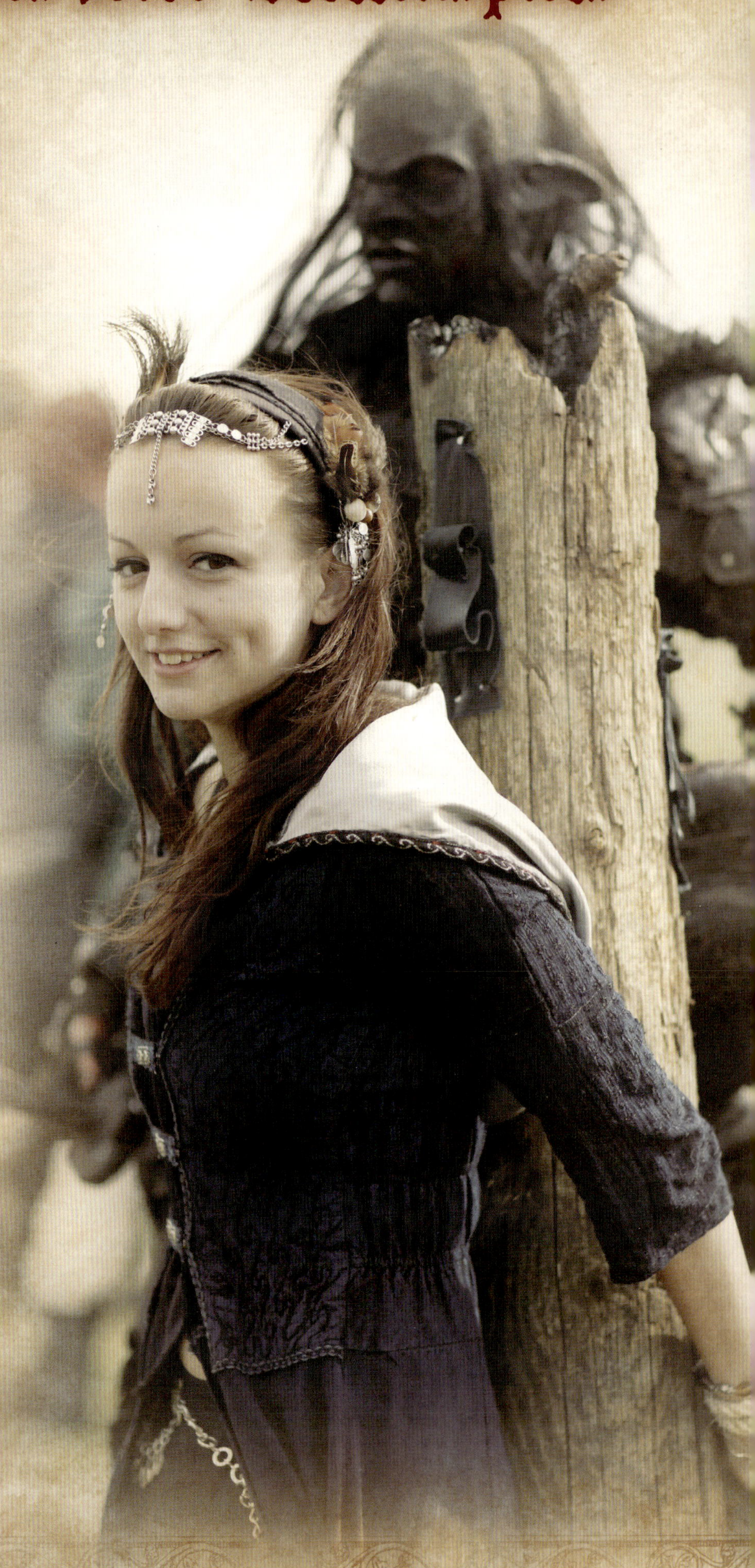

Wie alles begann

In Deutschland finden Live-Rollenspiele in der Form wie wir sie heute kennen seit etwa 1990 statt. Die Ursprünge reichen jedoch noch einige Jahre weiter zurück: Bereits Mitte der sechziger Jahre, genauer am 1. Mai 1966, gründete sich die SCA („Society of Creative Anachronism") in Kalifornien. Die Vereinsmitglieder übten sich im historischen Fechten, in mittelalterlichen Gesellschaftsspielen, Kalligraphie, Heraldik und Gelagen. Der Verein wuchs recht schnell und fand auch in Europa bald viele Anhänger.

Die aufkeimenden und später überaus erfolgreichen Fantasy-Tischrollenspiele *Dungeons & Dragons* (1974), *Midgard* (1978, damals noch *Mythos*) und *Das Schwarze Auge* (1984) führten offenbar an vielen Orten gleichzeitig zu der Idee, Spielhandlungen, die bis dahin durch Würfel und Regeln am Spieltisch entschieden wurden, auf eine neue Art darzustellen und nachzuspielen. Die fantastischen Welten, welche bislang mit Worten und Zeichnungen beschrieben wurden, sollten nun live erlebt werden können. Und so entwickelte sich im Westen Großbritanniens, genauer in Cheshire, ein neuer Trend: Man traf sich mit ziemlich improvisierten Gewändern bekleidet am Peckforton Castle, um „Treasure Trap" zu spielen.

Eine recht ansehnliche Presseaufmerksamkeit trug das Spielkonzept schnell weiter, und so kam es, dass auch in Deutschland bald die ersten Veranstaltungen durchgeführt wurden. Als eines der ersten LARPs ist das *Draccon 1* im Jahre 1992 in die LARP-Annalen eingegangen. Zur selben Zeit entstand auch das erste deutsche Regelwerk, *DragonSys*, und die erste LARP-Großveranstaltung Europas wurde anberaumt. Auf dem Con *The Gathering* in England trafen bereits 1992 über 1000 Live-Rollenspieler aufeinander.

Zur Zeit der ersten LARPs musste man weit mehr improvisieren als heute. LARP-Waffenhändler gab es nicht, Schneider und Läden, die mittelalterliche Gewandung vertrieben, waren rar gesät. Also wurde fast alles selbst gemacht: Kettenhemden baute man aus Drahtringen zusammen, „sichere" Waffen bastelte man aus einem möglichst stabilen Kern, den man mit Schaumstoff umwickelte. Silbriges Klebeband kennzeichnete Metallwaffen, braunes Band stand für Holzteile. Tatsächlich enthielten einige der alten Waffen ein Kupferrohr oder sogar eine Eisenstange als Kernstab. Die heutige „LARP-Sicherheitspolizei" wäre umgehend in Ohnmacht gefallen!

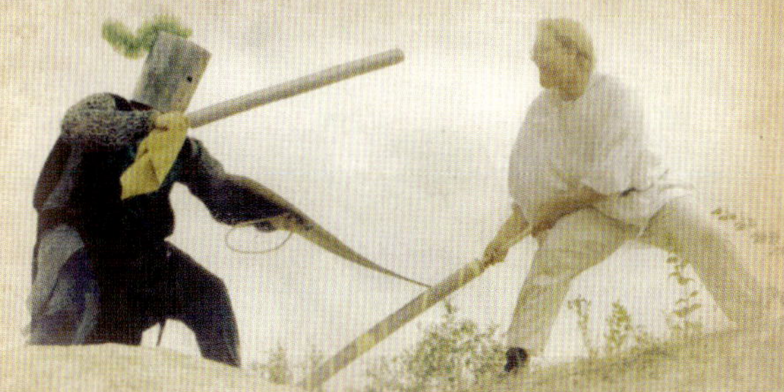

Ohne eine Mischung aus Innovationsgeist und gesundem Pragmatismus hätte es in den frühen Neunzigern keine Gewandung gegeben. Allzu oft mussten Mamas oder Omas Abendkleid einer kleinen Änderung standhalten (Bänder wurden angeklebt, Felle angetackert), und Opas Pantoffeln gaben die perfekten Schuhe für einen Priester ab. Karneval war ein idealer Zeitpunkt zum Einkauf von LARP-Kleidung – und so war das damalige Live-Rollenspiel auch eher … bunt.

Von den Veranstaltungen erfuhr man in der Regel über Mundpropaganda. Flugblätter (ja, in Papierform!) waren die Vorläufer des LARP-Kalenders im Internet. Und selbst als eben jener dann existierte, hatte längst nicht jeder Zugang zum Netz. Dadurch entwickelten sich relativ starke Gemeinschaften (Gruppen) von Rollenspielern, die immer wieder gemeinsam LARPs in ihrer Region besuchten. Auf diese Weise bildete sich dank der damals fehlenden Infrastruktur die heute vorherrschende regionale Vielfalt an LARP-Stilrichtungen und -Kulturen aus.

Früher war alles besser … oder?

Viele derer, die die „gute alte LARP-Zeit" noch erleben durften, trauern ihr heute wehmütig hinterher. War damals alles besser, weniger kommerziell und gemütlicher? Diese nostalgische Sichtweise auf Vergangenes ist wohl ganz normal, doch die heutige LARP-Zeit hat auch viele Vorteile. Wie angenehm ist es, per Mausklick alles, was das LARPer-Herz begehrt, finden, ausdrucken und kaufen zu können, sich mit Freunden zum Chatten zu verabreden, Bauanleitungen oder Charakterideen in Sekundenschnelle im Internet zu finden, mit Leichtigkeit nach Veranstaltungen zu recherchieren und ohne Umstände den Kontakt zu jedem in der gesamten Szene zu halten!

Es war eine schöne Zeit, als das Live-Rollenspiel noch in den Kinderschuhen steckte. Aber auch die heutige Zeit ist schön. Sie ist anders, aber alles hat seine Vor- und Nachteile.

Warum spielt man LARP?

LARP ist ein Gemeinschaftsspiel. Man spielt nicht, um zu gewinnen, sondern um gemeinsam eine schöne, spannende Zeit zu verbringen. Daher sollte sich jeder stets so viel Mühe wie möglich geben, die selbst dargestellte Figur überzeugend zu verkörpern, um eine dichte Atmosphäre zu erreichen.

Das oberste Ziel des Spiels lautet „Spielspaß für alle".

Wenn man nach einem LARP-Wochenende im Auto sitzend nach Hause fährt und bei den Erinnerungen an die vergangenen Tage ein zufriedenes Lächeln auf dem Gesicht hat – dann ist das Ziel des Spiels erreicht.

Natürlich ist es erhebend, zu „gewinnen", indem man die vielen kleinen Rätsel löst, Codes knackt, einen Gegner im Zweikampf besiegt oder ein Geheimnis lüftet. Ein LARP kann durch ein schönes, siegreiches Ende zufriedenstellend und unvergesslich werden, genau so kann aber auch ein trauriges oder dramatisches Ende für immer im Gedächtnis bleiben.

„Wisst ihr noch?", fragt Stefan bei einem Metbier seine Freunde. „Wisst ihr noch, wie damals Ochsenfurth fiel? Der ganze Burghof war voller Nebel, und irgendwie war überall das rote Bengalfeuer. Plötzlich taucht dieses Wesen auf. Zwei Köpfe größer als alle anderen, bestimmt zweifünfzig hoch mit ledrigen Flügeln. Dann die krasse Musik … Die erste Reihe fällt wie auf Kommando. Da setzt der junge Lethorianer seinen Eisenhelm auf, schnallt sich den Schild um, brüllt: „Für den König!" und drischt auf den Balrog ein, als gäbe es kein Morgen mehr. Was habe ich geschluckt, mir war sofort klar – den packt er nicht! Und so war's ja dann auch. Aber ein bewegender Abschied …"

Neben dem Spaß, vollständig in eine möglichst (im Rahmen der Spielwelt) „glaubwürdige" Geschichte einzutauchen, bietet LARP noch jede Menge anderen Anreiz, immer wieder auf Cons zu fahren. Dazu gehören:

- die Gelegenheit, Leute kennen zu lernen,
- die Möglichkeit, sein Interesse an Geschichte und Fantasy auszuleben,
- die Chance, sich selbst ausprobieren,
- die Freiräume, um eigener Kreativität freien Lauf zu lassen.

Gewinnen ist nicht alles. Spiele ein gutes Rollenspiel und lass Dich mitreißen. Je dichter die Atmosphäre ist, desto epischer wird Dir das LARP in Erinnerung bleiben!

Leute kennenlernen

Spielbedingt lernt man beim LARP sehr schnell viele Leute kennen, die im Regelfall recht aufgeschlossen und kommunikativ sind. Viele Kontakte ergeben sich auch ganz ungezwungen durch das Spiel, weil man möglicherweise durch seinen Charakterhintergrund oder wegen bestimmter Fertigkeiten „gezwungen" ist, mit Leuten zu spielen, die man vorher noch nicht kannte.

Die Zwergin Alana Donnerschlag hat gehört, dass im Wald ein geheimnisvoller Obelisk gefunden wurde, für dessen Entzifferung ein besonderes Fachwissen erforderlich ist. Da sie sich auf die Kunst des Runenlesens versteht, bietet sie ihre Hilfe an. Mit einem kleinen Trupp macht sie sich auf in den Wald, um das Unlesbare zu entziffern. Auf dem Weg kommt sie mit ihren Begleitern ins Gespräch, und da man sich sympathisch ist, verspricht man sich auch in Zukunft gegenseitig zur Hilfe zu kommen, falls das notwendig werden sollte.

Interesse an Geschichte und Fantasy

Viele Rollenspieler empfinden die Kombination aus verklärter mittelalterlicher Romantik (zum Beispiel das Rittertum) und fantastischen Elementen (also Magie und Monster) als besonders reizvoll.

In den letzten Jahren hat es einen wahren Mittelalter-Boom in Deutschland gegeben. Jeden Sommer hat man noch mehr Möglichkeiten, Mittelaltermärkte und Ritterturniere zu besuchen als zwölf Monate zuvor. Sogar die mittelalterliche Küche wurde dank zahlreicher Restaurants im Stil beeindruckender Rittermahle wiederentdeckt.

Die Verfilmung des Fantasy-Epos *Der Herr der Ringe* hat neue Maßstäbe in Bezug auf Ausstattung und Gewandung für Rollenspiele gesetzt und offenbar viele neue Spieler zum Live-Rollenspiel ermuntert. Die auch im Kinofilm dargestellte Kombination einer quasi-mittelalterlichen

Welt mit Fantasy-Elementen wird von Vielen als reizvoll empfunden. Und so wundert es nicht, dass scharenweise neue Spielerinnen und Spieler auf Veranstaltungen anzutreffen sind, die einmal ein Schwert so schwingen möchten wie der heroische Aragorn oder einmal ein so prächtiges Gewand tragen wollen wie die liebreizende Eowyn. Im LARP wird all dies Wirklichkeit.

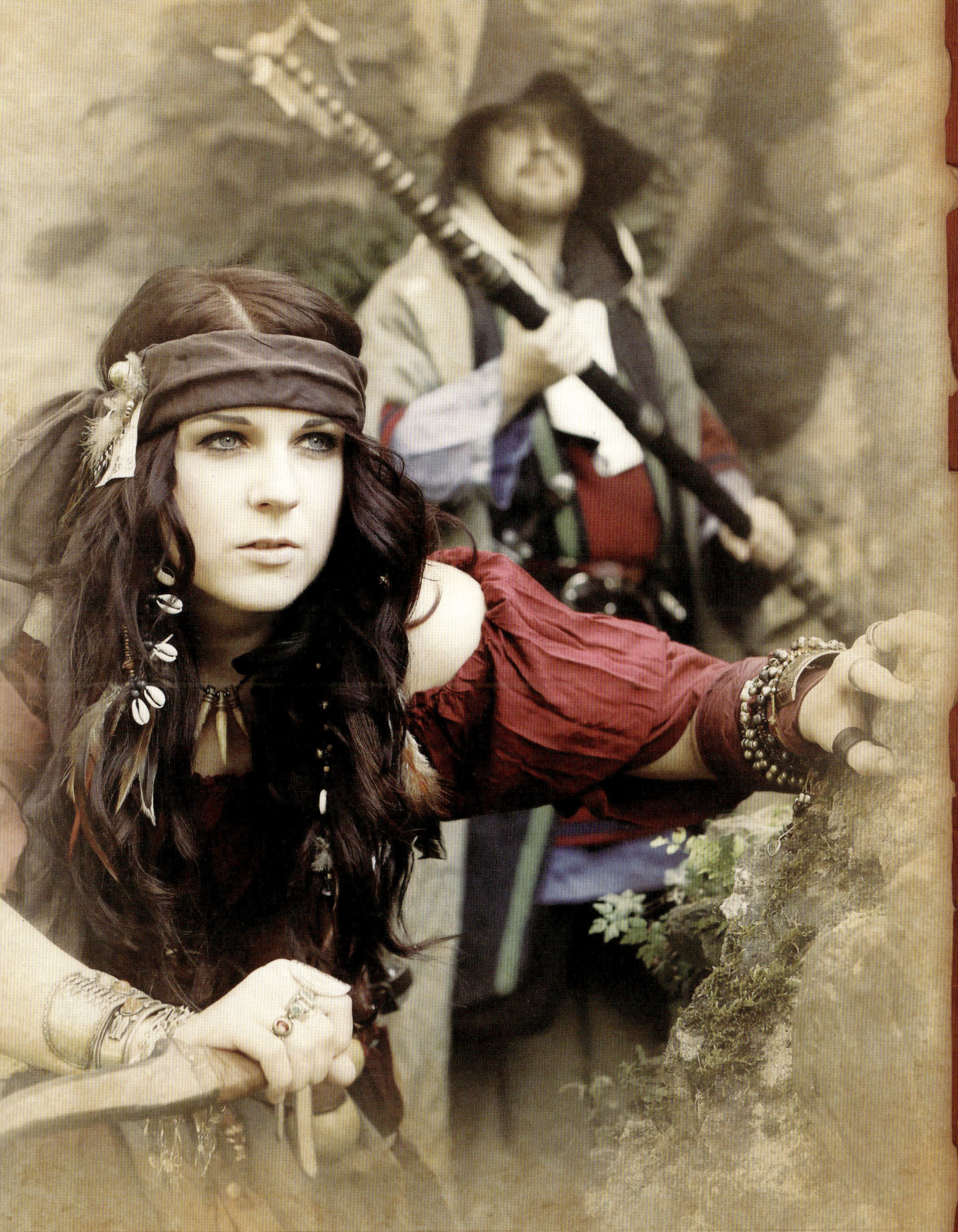

Sich selbst ausprobieren

Rollenspiele können auch dazu dienen, sich selbst weiterzuentwickeln, eigene Verhaltensweisen zu reflektieren und Neues zu erproben. In dieser Beziehung ähnelt LARP ein wenig der didaktischen Methode des sachbezogenen Rollenspiels, bei dem reale Situationen mit unterschiedlicher Rollenverteilung nachgespielt werden. Ohne Konsequenzen fürchten zu müssen, kann man sich in einer sicheren Umgebung an neue Verhaltensweisen heranwagen.

So kann man im LARP trotz Schüchternheit versuchen, selbstbewusst neue Kontakte zu knüpfen, laut die eigene Meinung zu äußern oder eine Gruppe anzuführen – wenn es die selbst gewählte Rolle hergibt.

Lina hat mittlerweile einige Live-Rollenspiele zusammen mit Stefan besucht. Nach anfänglichem Zögern hat sie inzwischen ebenfalls ihre Leidenschaft für nächtliche Scharmützel entdeckt. Nachdem sie erlebt hat, dass mutiges Auftreten schon der halbe Sieg im LARP-Kampf ist, traut sie sich auch außerhalb des Live-Rollenspiels immer mehr zu. Sie beginnt Cons zu nutzen, um sich in selbstsicherem Auftreten zu üben, und wird dadurch Schritt um Schritt mutiger und extrovertierter.

Kreativität ausleben ...

Ein LARP bietet Dir viele Möglichkeiten, Deine Kreativität zu entfalten. Mit selbst genähten Gewandungen, Holz-, Leder- oder Metallarbeiten kannst Du handwerkliches Geschick unter Beweis stellen. Selbst geschriebene Geschichten und eigens fürs LARP komponierte Musik bereichern die Atmosphäre ungemein, wenn sie im Spiel über Heldensagen oder „ferne, fantastische Länder" berichten und dadurch einen dichten Hintergrund entstehen lassen.

Zweifellos könnte man ganze Bücher mit all den Sagen, Balladen, Märchen, Gedichten und Liedern füllen, denen man im Verlauf einer LARP-Saison begegnet. Was von manchen Spielleitungen an Gewandungen, Bauten und Basteleien präsentiert wird, ist ebenfalls bemerkenswert und zeigt, wie viel Raum für Kreativität und Ideen das Ausrichten einer solchen Veranstaltung bietet. Viele LARPer sind kreativ bis zur Perfektion. Wo sonst kann man seinen schöpferischen Einfallsreichtum besser ausleben als auf (oder vor) einem LARP, wo man ein ganzes Universum selbstständig erschaffen kann und dazu beiträgt, dass es wächst und gedeiht?

Im Live-Rollenspiel ist (fast) alles möglich, wenn man es selbst in die Hand nimmt.

Was für Menschen trifft man?

Live-Rollenspieler sind in Deutschland in fast jedem Milieu anzutreffen und nicht auf ein bestimmtes Alter oder Geschlecht festgelegt. Allerdings begegnet man etwas mehr Männern als Frauen auf Live-Rollenspielen. Der Großteil der Live-Rollenspieler ist zwischen 20 und 40 Jahre alt, Minderjährige und Kinder findet man nur sehr selten. Wenn man doch einmal welche sieht, dann entweder auf speziellen, familiengerechten Events oder – in Absprache mit der SL – in Begleitung eines Erziehungsberechtigten.

Je teurer eine Veranstaltung ist, desto höher liegt in der Regel das Durchschnittsalter der Anwesenden.

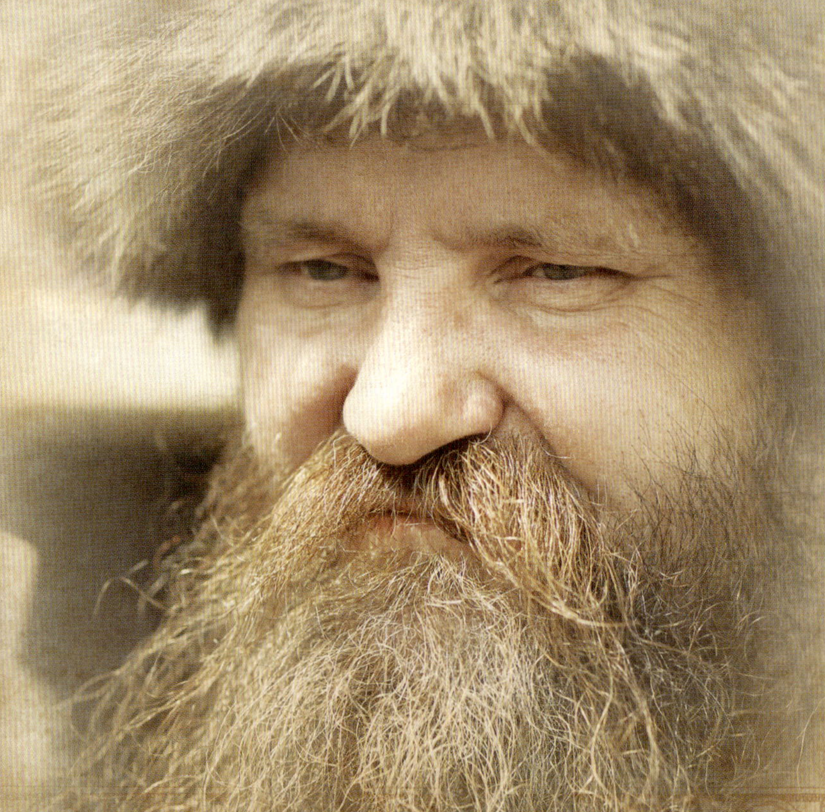

Über Macher & Teilnehmer

Ein LARP wird ganz ähnlich wie ein Theaterstück oder ein Film geplant: Spielorte werden im Vorfeld ausgesucht und gebucht, Requisiten werden geliehen, gekauft oder gefertigt, die Darsteller für die Hauptrollen werden gesucht, ein Drehbuch wird geschrieben und so weiter …

Die Arbeit rund um ein LARP kann man in vier Bereiche teilen, die oft von unterschiedlichen Gruppen durchgeführt werden:

- Die Arbeit vor der Veranstaltung (die Orga oder der Veranstalter)
- Die Organisation auf dem LARP (die Spielleitung – SL)
- Das Darstellen der Rollen für die Rahmenhandlung (NSCs)
- Das Genießen des LARPs und das Darstellen der eigenen Rolle (SCs)

Gerade bei kleineren Veranstaltungen ist es gängige Praxis, dass einzelne Personen Aufgaben von unterschiedlichen Gruppen wahrnehmen. So liegen Aufgaben von Orga und SL oft in einer Hand. Und wer auf dem einen LARP ein NSC war, kann auf der nächsten Veranstaltung durchaus als Spieler anreisen.

Orga & Veranstalter

Die Masse der Live-Rollenspiele wird von nicht-kommerziellen Veranstaltern, typischerweise von Privatpersonen oder kleinen Vereinen durchgeführt. Grundsätzlich kann jeder ein LARP organisieren. Damit es gut wird, sollte man schon etwas Erfahrung mit Live-Rollenspielen mitbringen oder mit „alten Hasen" zusammenarbeiten.

Bevor Du über ein eigenes LARP nachdenkst, spiele erst einmal und helfe als NSC aus, um Erfahrungen „hinter den Kulissen" zu sammeln.

Die Orga sorgt dafür, dass eine geeignete „Location" gefunden, gebucht und bezahlt wird. Sie entwirft eine möglichst spannende Geschichte und übt sich in Vorfreude bei der Vorstellung, in welches Schlamassel die Spieler geraten könnten. Sie baut und bastelt, manchmal Monate lang, an allem was man „halt so braucht" – Grabsteine aus Styropor, schön zurechtgesägt und angemalt, riesenhafte Tore aus Holz, Monstergewandungen aus Bauschaum, Fallen, Truhen, Masken, Galgen, Türen … Dinge, die sie benötigt, um die Geschichte glaubhaft darstellen zu können. Sie schreibt Texte und Briefe, entwickelt Geheimschriften und Runentabellen, erfindet Zaubersprüche und füllt mitunter ganze Regale als Bibliotheken.

Schließlich kümmert sie sich um das Casting der zu besetzenden Rollen, macht Werbung für die Veranstaltung, arrangiert die Finanzierung des Events, verwaltet die Anmeldegebühren, wälzt Charaktergeschichten, konvertiert Charakterfertigkeiten von einem System ins andere …

Organisatoren sind Schriftsteller, Ingenieure, Manager, Schreiner, Maler und Lackierer, Psychologen, Altertumskundler, Finanziers und Steuereintreiber in Personalunion.

Die Spielleitung (SL)

Nach langer Vorbereitungszeit, wenn die Teilnehmer endlich vor Ort eingetroffen sind, die Location hergerichtet wurde und alles an seinem Platz ist, schlägt die Stunde der SL!

Auf dem LARP ist alles live – nichts kann wiederholt werden, alles muss beim ersten Mal sitzen. Keine nachträgliche Retusche, kein nachträglicher Schnitt und auch kein Synchronisationssprecher kann retten, was einmal schief gelaufen ist – und da im Leben so einiges schief geht, braucht eine SL viel Kreativität und Improvisationstalent. Nach zwei oder drei (fast) schlaflosen Nächten muss sich der Einfallsreichtum einer SL punktgenau zum Abschluss der Veranstaltung zu einem gewaltigen End-Crescendo entfesseln, bevor sie endlich in ein wohlverdientes, meistens tagelang andauerndes Koma fallen darf. Begleitet von einem gequälten Laut, einem gehauchten: „Nie wieder!"

SL zu sein ist extrem anstrengend und geistig fordernd – Schlafmangel und Stress sind eine tückische Kombination! Spieler erwarten jedoch rund um die Uhr ein tolles LARP mit dichter Atmosphäre. Diese hohe Verantwortung gegenüber den Spielern und Euch selbst gilt es zu meistern.

SL werden kann eigentlich jeder. Man braucht eine hohe Belastbarkeit, eine große Portion Kreativität und zumindest ein paar Jahre Erfahrung im Live-Rollenspiel. Man sollte auf jeden Fall sowohl als Spieler als auch als NSC ein paar LARPs besucht haben, und man sollte ein Team bilden, in dem sich alle aufeinander verlassen können und das auch unter großem Druck zusammenhält.

Dies allein wird meistens jedoch nicht reichen. Es fehlen noch Darsteller und Komparsen, im LARP nennt man sie:

Nicht-Spieler-Charaktere (NSC)

Nicht-Spieler-Charaktere sind im LARP der verlängerte Arm der Spielleitung. Sie verkörpern alle Figuren, die gebraucht werden, um die ausgedachte Geschichte darzustellen und das gewählte Ambiente zum Leben zu erwecken. Findet das Con z. B. auf der Burg eines Grafen statt, so werden die NSCs den Grafen und dessen Gemahlin, den Kastellan, die Burgwache, alle ansässigen Handwerker und Bauern – im Prinzip jedes Wesen, auf das Spieler treffen können – verkörpern. Also auch die bösen Geister im Burgkeller.

Von Springern und Festrollen ...

Die Bandbreite der darzustellenden Figuren reicht typischerweise von kleinen Rollen, welche nur für kurze Zeit auftauchen und dann wieder verschwunden sind, bis hin zu Charakteren, die während des gesamten Cons aktiv und stets für die Spieler erreichbar sind.

Der letztere Rollentyp (sogenannte Festrollen) dient zumeist der Darstellung vielschichtiger Figuren mit klaren, aber nicht immer offensichtlichen Handlungsmotiven, welche oft entscheidend für die erzählte Geschichte und den Handlungsverlauf sind. Deren Verkörperung bedarf meist größerer Vorbereitung und eines gewissen Maßes an LARP-Erfahrung. Denn auch in schwierigen Situationen muss der NSC noch in der Lage sein, frei zu improvisieren, ohne die erwünschte Richtung des Plots aus den Augen zu verlieren oder gar zu gefährden. Und zwar ohne soufflierenden Spielleiter im Rücken.

Die Bedeutung von Festrollen für den Verlauf eines Cons ist enorm. Für einen NSC mit Festrolle bedeutet das:

1. Man kommt um eine tiefere Beschäftigung mit der von der SL gestellten Geschichte nicht herum.
2. Auf dem Con werden Stress und Hektik ständige Begleiter sein.

Doch der Lohn ist die Mühe auf jeden Fall wert: Wann sonst kann man sich schon einmal als extrem mächtiger Erzmagier, der die stärksten und kompliziertesten Zauber einfach so aus dem Ärmel schüttelt, als verkappter reicher Königssohn, der einfach nur sein Erbe nicht antreten will, oder als machtgieriges Ekel, welches seine Ziele auch über Leichen hinweg verfolgt, austoben, ohne spielrelevante Konsequenzen fürchten zu müssen?

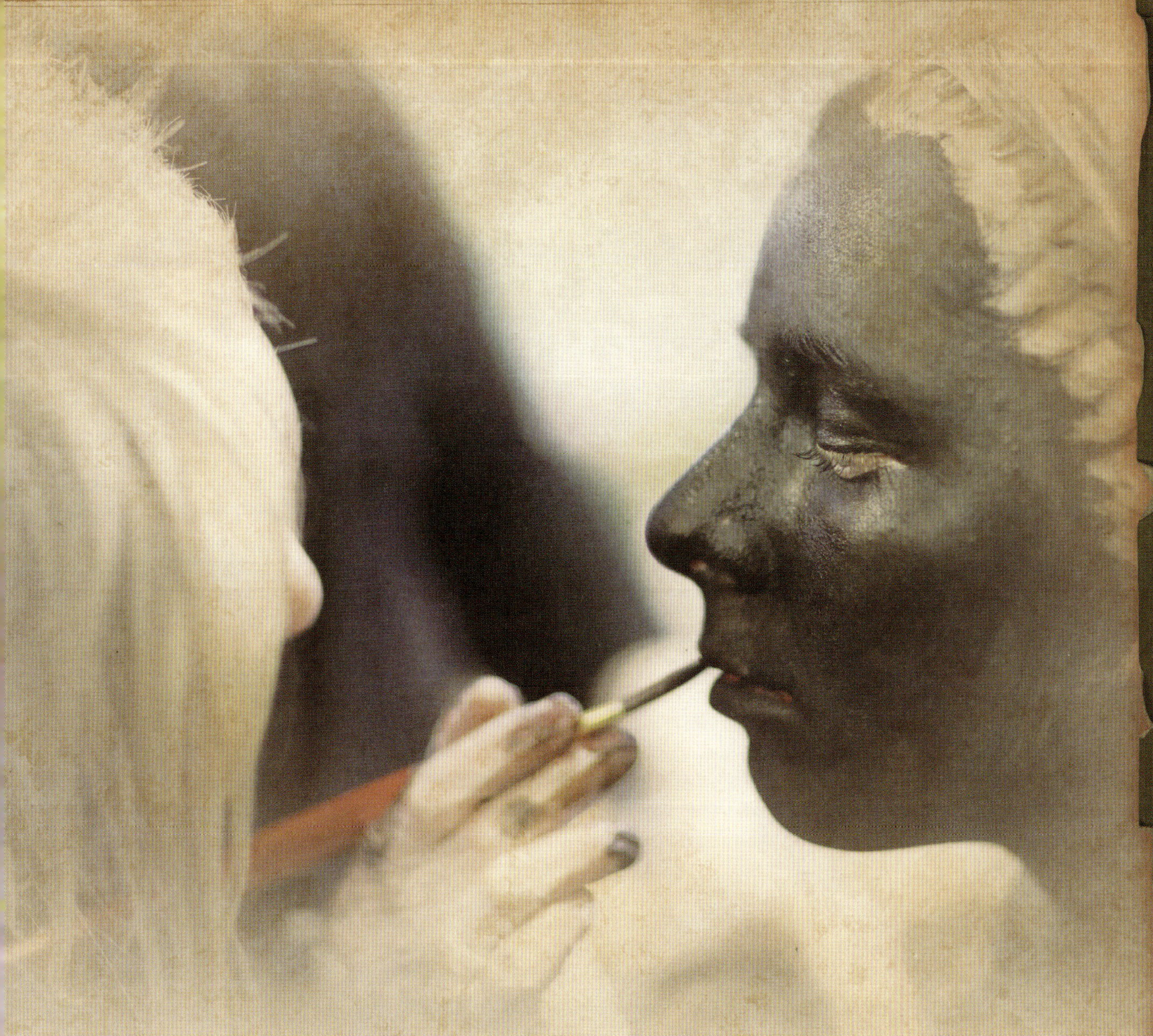

Springerrollen auf der anderen Seite sind all jene liebenswerten Nebenfiguren, die meist in großer Anzahl in der Geschichte auftauchen, um das Spiel zu bereichern. So begegnet man dem netten Holzfäller von nebenan, der eben mal im Lager vorbeischaut, um ein paar Kräuter einzutauschen und Gerüchte über einen großen Schatz im Wald in die Welt setzt, oder dem freundlichen Schmied, der einem helfen kann, die eigene Rüstung wieder in Stand zu setzen.

Doch genauso tummeln sich unter den Springerrollen die „Fiesen" – der Trupp Räuber, der gewaltsam für seine Altersvorsorge sammelt, oder die Gruppe Moorleichen, die in der Abenddämmerung auf der Suche nach Frischfleisch durch das Lager zieht. Solche Rollen können ad hoc improvisiert werden und bedürfen weder langer Vorbereitung noch profunden Wissens um den eigentlich Plot oder das bespielte Land.

Das Dasein als NSC hat aber auch Schattenseiten. Die Belastungen, die auf einen NSC auf einem Con zukommen, sind nicht zu unterschätzen. Ständig wird irgendwo eine Figur oder ein Monster oder auch einfach nur ein Helfer zum Aufbauen von Kulissen gebraucht. Gerade noch als Untoter im Regen unterwegs, soll man eben schnell in die Schminke, um als verängstigter Bauer schreiend durch den Burghof zu laufen und danach bei der Simulation eines Erdrutsches im Gewölbekeller zu helfen. Und das alles um drei Uhr morgens, wenn man nach einem langen Tag ohnehin schon müde und geschafft ist. Wirklich feste Pausen und ein Spielende um 24 Uhr gibt es selten. Die Spielleitung braucht immer jemanden, der spontan für diverse Aufgaben einsetzbar ist.

Wer sich als NSC für ein Con verdingt, sollte nicht damit rechnen, viele Pausen und ausreichend Schlaf zu bekommen. Wenn Du wider Erwarten einmal nichts zu tun hast, nutze die Zeit, um Dich zu stärken oder auszuruhen.

Die Spieler (SC)

Die Spielerschaft ist auf einem Live-Rollenspiel in der Regel die größte Gruppe von Akteuren. Spieler genießen die Darbietung, stellen ihre eigene Rolle im Rahmen des gebotenen Handlungsrahmens möglichst überzeugend dar und versuchen die Rätsel und Aufgaben der von der Spielleitung ausgedachten Geschichte zu lösen.

Spieler sind relativ frei in ihren Handlungen, sie werden vor allem durch die Fähigkeiten des dargestellten Charakters eingeschränkt (wenn der nicht lesen kann, müssen sie zum Beispiel ein Warnschild „übersehen") und durch die von der Spielleitung aufgestellten Regeln ausgebremst (bestimmt die Spielleitung zum Beispiel, dass Zaubersprüche gerade nicht funktionieren, sind Magier ziemlich aufgeschmissen).

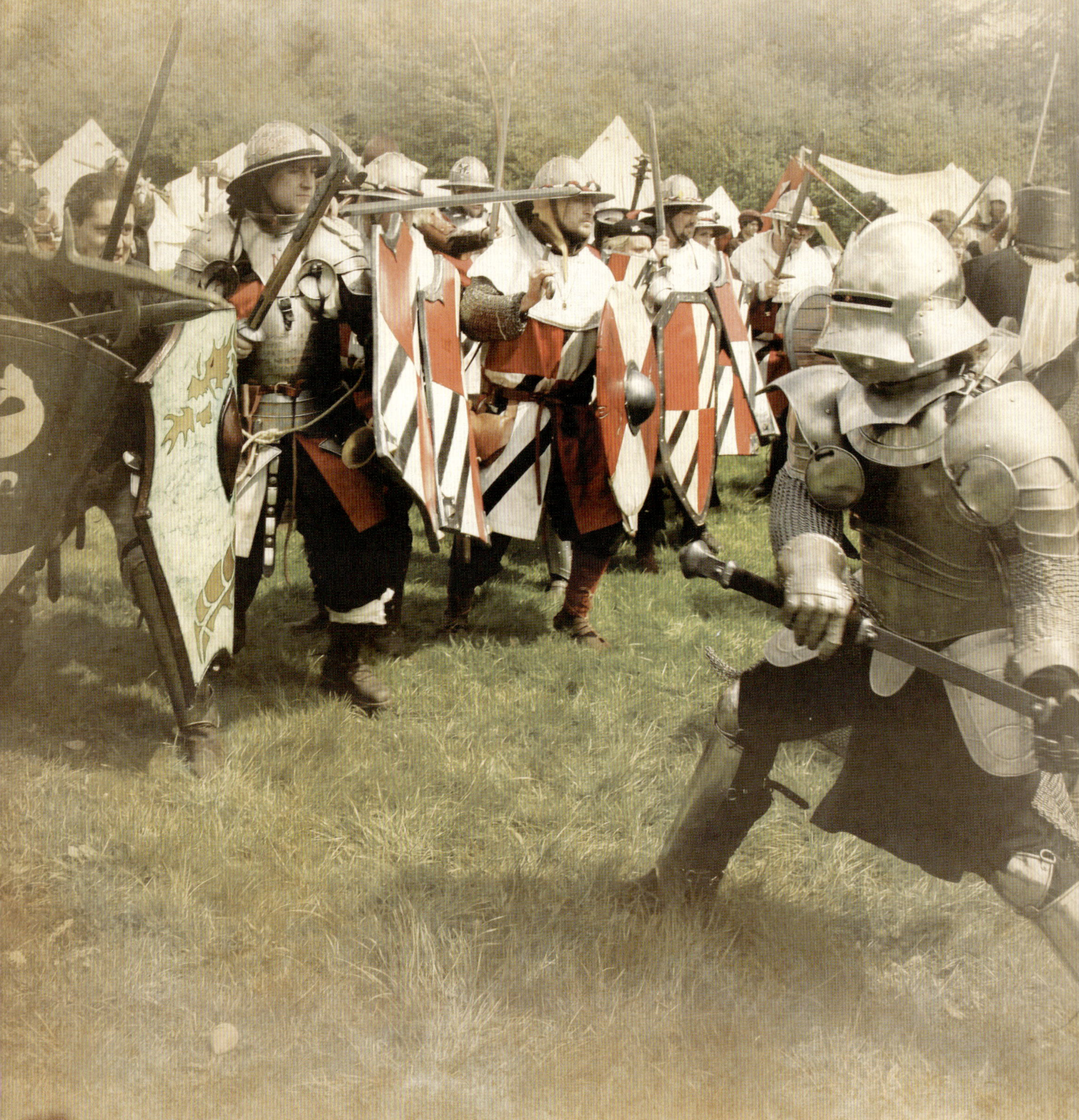

Ein wenig Spieltheorie

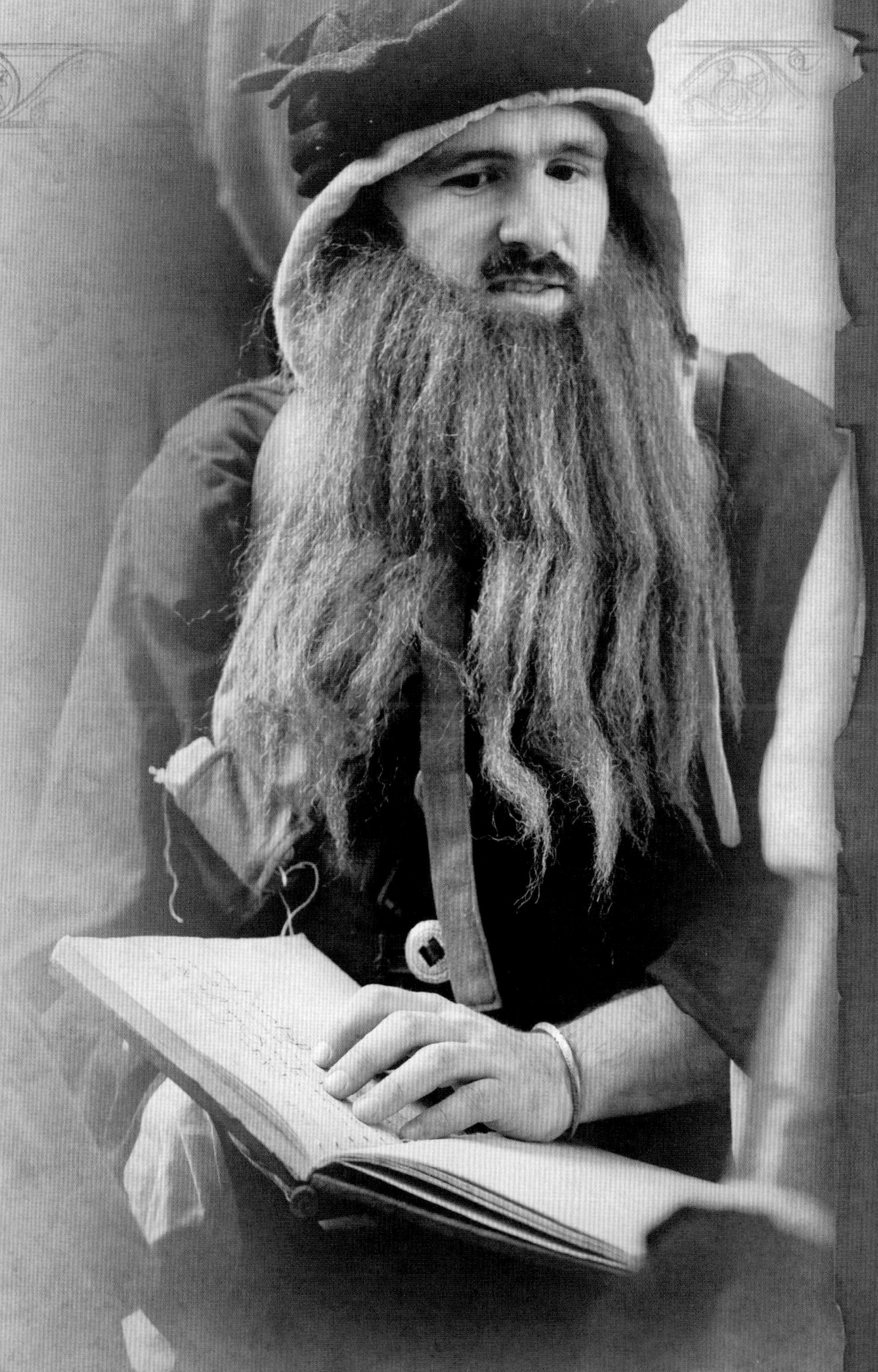

Live-Rollenspiele gibt es in nahezu beliebiger Größe und Preisklasse. Am meisten Teilnehmer haben die sogenannten „Groß-Cons". Das sind LARP-Treffen mit mehreren tausend Teilnehmern. Andererseits gibt es kleine Veranstaltungen bereits ab 10 Spielern, und 90 Prozent aller Veranstaltungen werden von weniger als 100 Spielern besucht. Manche Live-Rollenspiele sind kostenlos, während es auch Events gibt, die mit einer Flugreise (z. B. nach Schottland) verbunden sind und mehrere hundert Euro kosten.

Neben diesen eher formalen Weisen, Live-Rollenspiele zu kategorisieren, gibt es auch praktischere Verfahren. So ordnen viele Spieler und NSCs ein LARP nach Schwerpunkt und Genre. Diese Einteilung dient dazu, LARPs zu finden, die einem Spaß machen und zu vermeiden, dass man „irgendwie fehl am Platze" ist.

Zur Kategorisierung von LARPs unterscheiden wir im Folgenden vier Spielschwerpunkte, welche sich unproblematisch mit den fünf häufigsten Genres, die wir danach vorstellen, kombinieren lassen.

Spielschwerpunkte

Das Erlebnis auf einem LARP lässt sich in der Regel in eine von vier Sparten, den Spielschwerpunkten, einordnen: Abenteuer, Schlachten, Turnier & Wettkampf und Ambiente.

Abenteuercon

Die meisten Live-Rollenspiele sind als Abenteuercons ausgeschrieben. Hier gibt es eigentlich von allem und für jeden etwas: Kämpfe für die Krieger, etwas zu rätseln für die Gelehrten, Spurensuche im Wald für die Naturcharaktere und auch eine Taverne für die, die gerne würfeln und feiern.

Schlachtencons

Auf einem Schlachtencon kann man sich so richtig austoben, denn wenn man sich auf einer Veranstaltung anmeldet, die als Schlachtencon ausgeschrieben ist, kann man erwarten, dass man auch Schlachten bekommt. Viele Veranstalter von Schlachtencons sind gleichzeitig Orga eines ganzen LARP-Landes. Um die Politik und Fehden zwischen einzelnen Ländern erlebbar zu machen, werden Spieler eingeladen, sich an diesen dargestellten Auseinandersetzungen zu beteiligen.

Oft droht auch einfach nur „das Böse" mal wieder irgendwo die Oberhand zu gewinnen, und es gilt in Rüstung und mit Schwert und Schild dagegen anzutreten. Auf diesen Live-Rollenspielen ist die Anzahl der LARP-Kämpfe also besonders hoch.

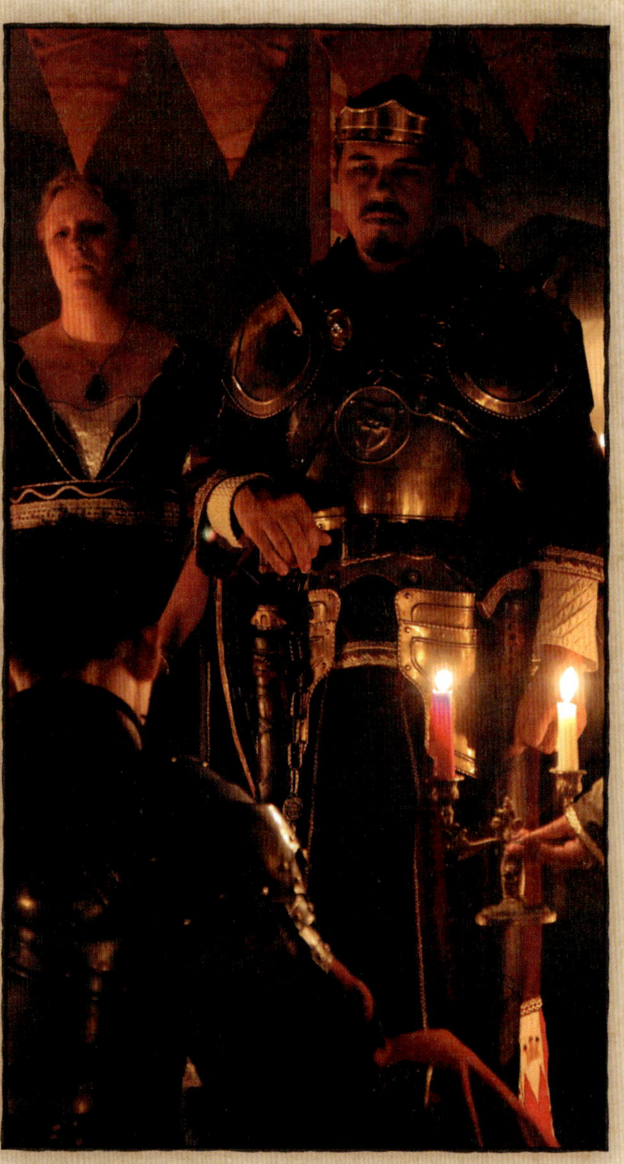

Hofhaltung, Turnier und Wettkampf

Hier treffen sich eher höfische Spieler, die gerne ein schönes Ambiente genießen und sich bei einem gediegenen Glas Wein und leise klingender Bardenmusik auf lange Gespräche in der Rolle des dargestellten Charakters einlassen wollen. Häufig wird auf einer Hofhaltung getanzt, opulent gespeist und die eine oder andere politische Debatte geführt. Es sind viele adelige Charaktere zu finden, aber auch Mägde, Knechte, Zofen und sonstiger Hofstaat.

Ambiente- oder Tavernencon

Hier spielen Barden auf, hier fließt das Bier in Strömen, und die schönsten Tänzerinnen der Reiche geben ihre Kunst zum Besten. Auf einem Tavernencon ist schwerlich mit irgendeiner Art von Bedrohung zu rechnen, hier steht das gern auch laute und „derbe" Feiern und Fröhlichsein im Vordergrund. Anders als bei einer Hofhaltung sind hier auch einfache und lockere Charaktere sehr gut aufgehoben.

Doch Vorsicht! Es soll Spielleitungen geben, die die Spieler auf einem Tavernencon mit ein paar unerfreulichen Überraschungen „schikanieren".

Genres

Das mit Abstand am weitesten verbreitete Szenario für Live-Rollenspiele ist die mittelalterliche Fantasy-Welt im Stil von Tolkiens Epos *Der Herr der Ringe*. Daher ist oft mit der Betitelung „LARP" einfach dieses Genre gemeint. In den letzten Jahren sind jedoch auch andere Settings in Erscheinung getreten. Das Spiel bleibt das gleiche, allerdings findet es in einer anderen Zeit oder Welt statt.

Live-Rollenspiele nach Genre

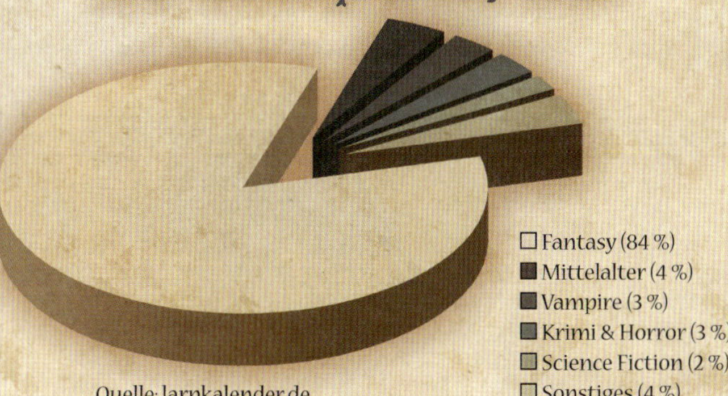

Quelle: larpkalender.de

Von den etwa 6000 kategorisierten Veranstaltungen, die auf dem wichtigsten Event-Portal der deutschen LARP-Szene, www.larpkalender.de, verzeichnet sind, fallen knapp 5000 in das Genre Fantasy. Das zweithäufigste Genre ist historisches LARP – etwa 250 Mittelalter-Cons sind aufgeführt. Die anderen LARP-Gattungen werden noch seltener bespielt.

Auch wenn nur jedes sechste Rollenspiel ein Nicht-Fantasy-LARP ist, lohnt sich ein Blick auf die exotischen Genres, da sie ebenfalls viel Spaß und Unterhaltung versprechen.

Fantasy

Das Fantasy-LARP ist der Klassiker unter den Live-Rollenspielen. Hier werden die Spieler in eine fiktive Welt versetzt, die sich in der Regel grob am Vorbild des romantisch verklärten Mittelalters orientiert, wie es zum Beispiel in den Geschichten und Sagen rund um König Artus und die Ritter der Tafelrunde beschrieben wird.

Diese Welt wird angereichert durch mythische Elemente und fantastische Wesen, die sich die Spielleitung entweder selbst ausdenkt oder aus bekannten Geschichten und Erzählungen entlehnt. Typische Vorlagen sind die Romane von J.R.R. Tolkien, die Quellenbücher des Tischrollenspiels *Das Schwarze Auge (DSA)* und aktuelle Fantasy-Literatur.

Mythen und Religion sind im Fantasy-LARP stark ausgeprägt. Einige Wesen sind in der Lage, die bekannten Naturgesetze auf den Kopf zu stellen, indem sie „magische" Kräfte nutzen. Man unterscheidet zwischen Zauberern (deren Magie einer gewissen Gesetzmäßigkeit folgt) und Priestern (die Magie indirekt wirken, indem sie Götter um Hilfe bitten).

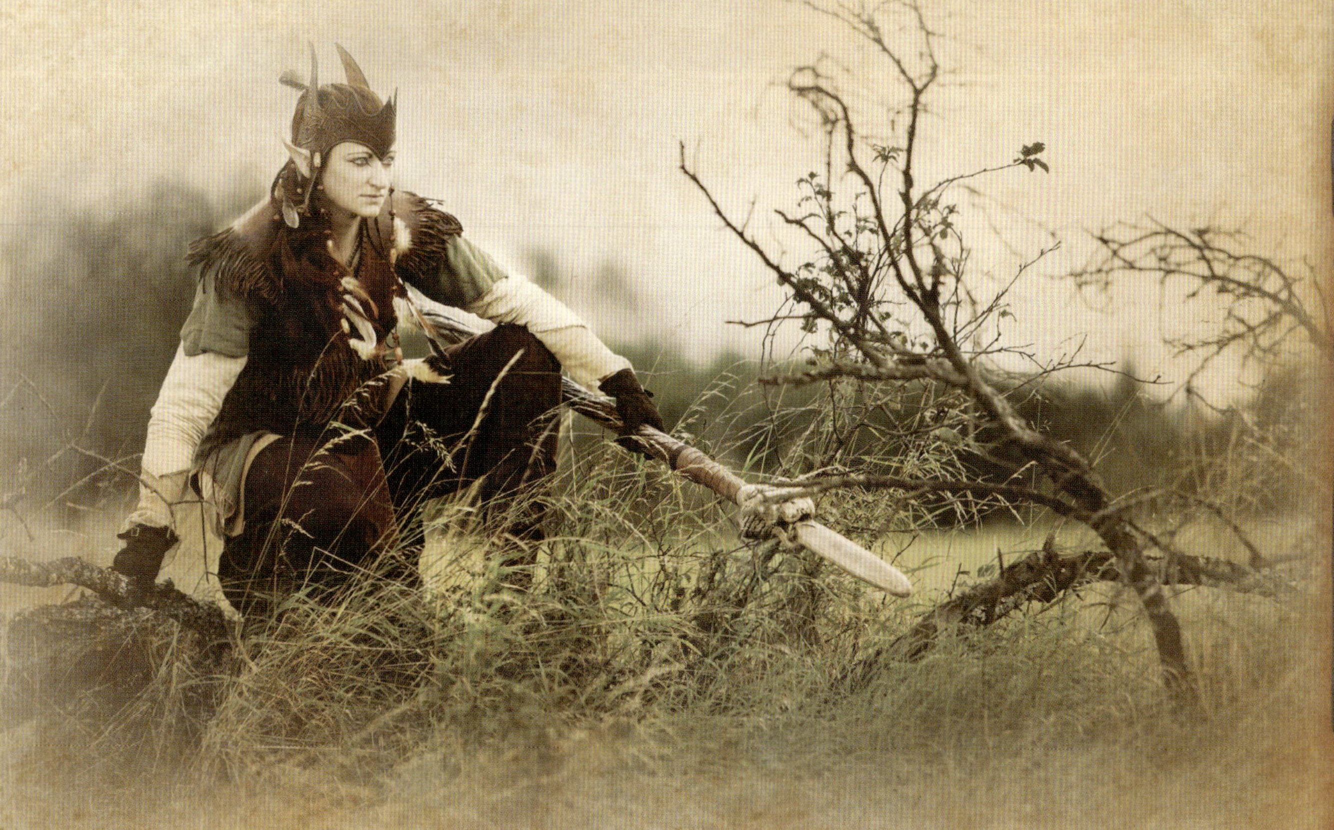

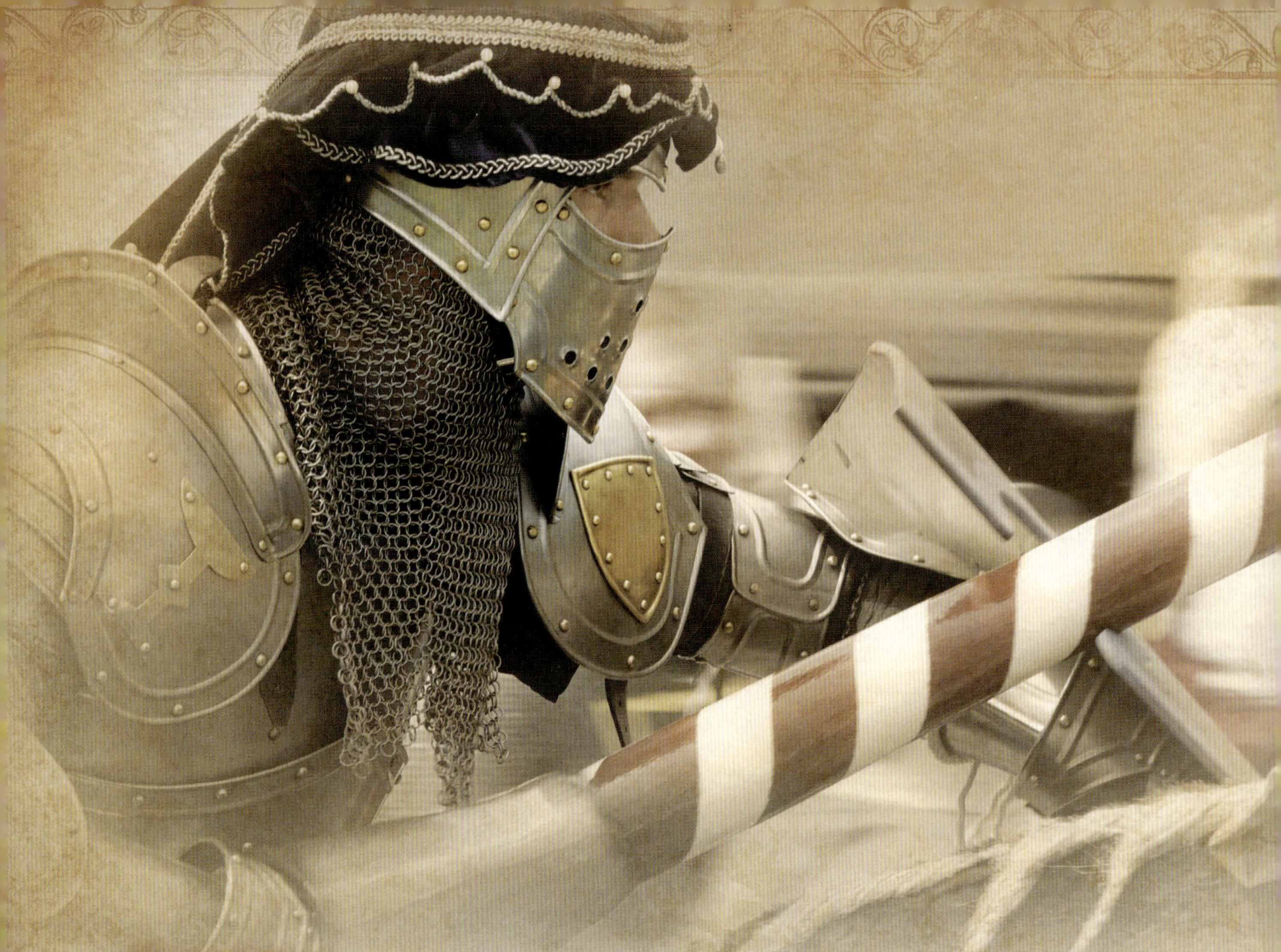

Mittelalter

Vor einem meist mittelalterlichen oder Renaissance-orientierten Hintergrund passiert eigentlich dasselbe wie auf einem Fantasy-LARP – nur ohne Fantasy. Inwieweit bei solchen Veranstaltungen tatsächlich auf authentische Darstellung geachtet wird, kommt auf das Augenmerk der Spielleitung an. Zumindest auf passende Gewandung wird meist sehr großer Wert gelegt. Auch wenn Mittelalter-LARP ohne Zauberei auskommt – die Welt voll von Adligen, Rittern und gemeinem Fußvolk ist bunter und spannender, als man es auf den ersten Blick erahnen mag.

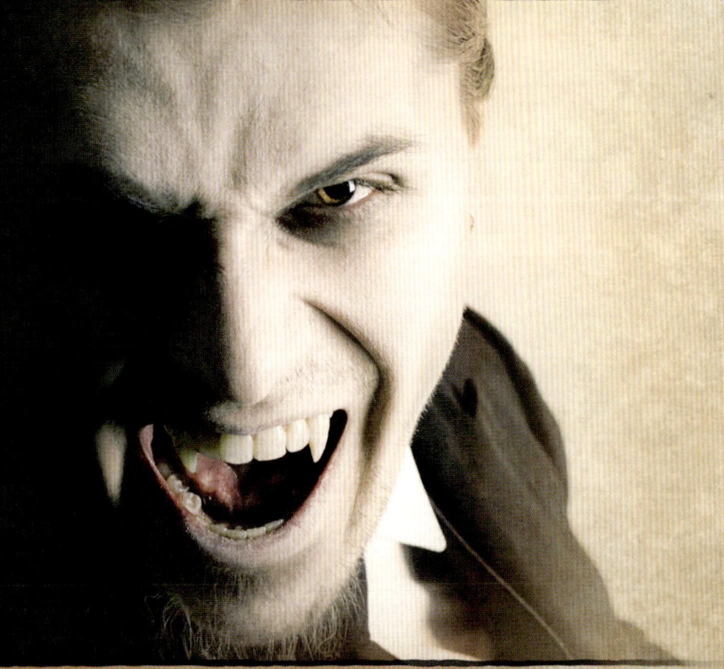

Vampire

Das neben Fantasy-LARP am meisten bespielte LARP-Genre in Deutschland dürfte Vampire Live sein, bei dem die Spieler die Rollen von Vampiren übernehmen. Sie müssen sich in einer düsteren Version unserer heutigen Welt durchs Unleben schlagen, in deren Schatten Vampire, Werwölfe, Geister und ähnliche Kreaturen lauern. Dabei liegt ein großer Reiz in der Auseinandersetzung mit den Mitspielern. Bündnisse werden geschmiedet und wieder gebrochen, Treue geschworen und Verrat geübt. Ein großer Vorteil: Der Einstieg ist für Interessierte etwas leichter als bei anderen LARPs. Statt aufwendiger Kostüme braucht man eigentlich nur düstere „normale" Kleidung. Außerdem werden die meisten Spiele mitten in der Stadt veranstaltet und laufen nur jeweils einen Abend.

Krimi

Auch der Krimi hat Einzug ins LARP gehalten. Dabei schlüpfen die Teilnehmer meist in vorgegebene Rollen, müssen einen Kriminalfall aufklären (meist einen Mord) und einander hinterherschnüffeln. Jeder Teilnehmer erhält im Vorfeld eine Charakterbeschreibung, die seine Rolle sowie deren Ziele im Spiel vorstellt. Alle Rollen sind miteinander verknüpft, so dass ein großes Potential für Interaktion und Verwicklungen gegeben ist.

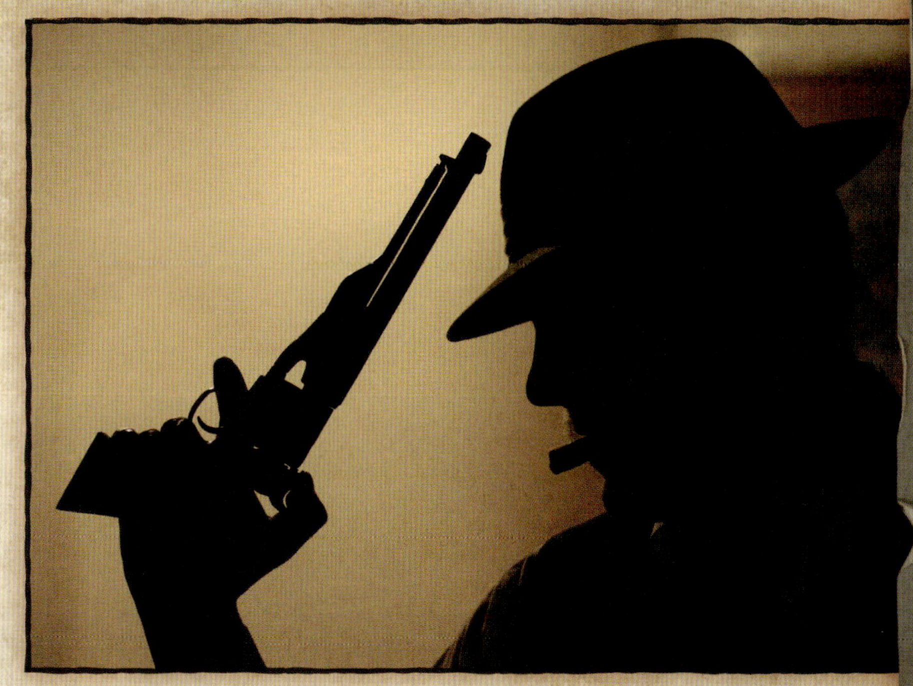

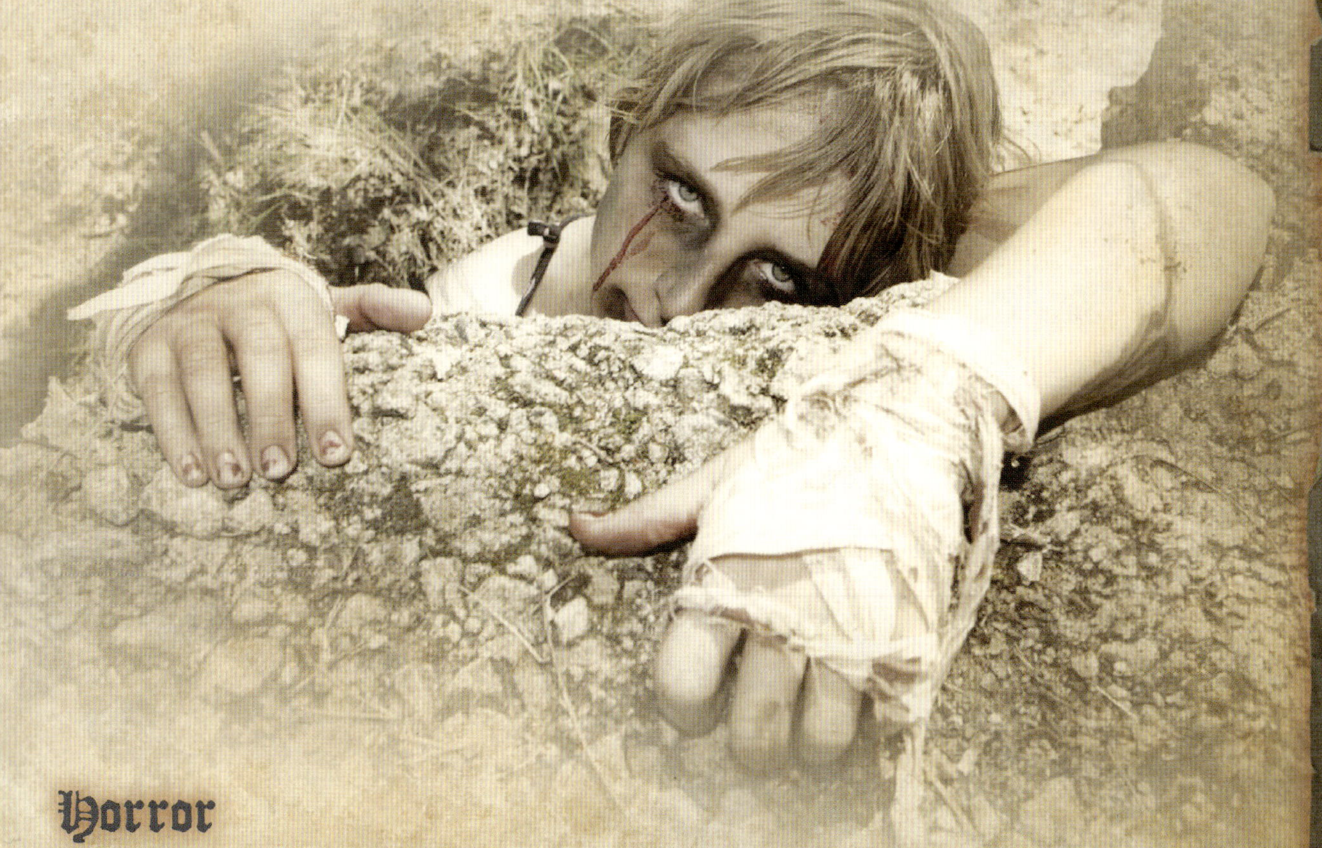

Horror

Horror ist ebenfalls ein recht beliebtes Setting, in dem viel Wert auf Spannung und Nervenkitzel gelegt wird. Natürlich wollen und sollen die Spieler nicht wirklich Angst haben. Ein solches Spiel kann aber wie ein guter Horrorfilm funktionieren: Die Teilnehmer spüren tatsächlich ein gewisses Maß an Ungewissheit, Adrenalin und Schrecken.

Häufig basieren die Spielhandlungen auf dem Cthulhu-Mythos des amerikanischen Schriftstellers H.P. Lovecraft, aber auch die Geschichten anderer Autoren der Horrorliteratur werden gern als Gerüst für einen Plot verwendet. Eine besondere Unterart des Horror-Genres sind Zombie-Cons, bei denen das Spielthema an klassische Szenarien aus Zombiefilmen angelehnt ist. Hier ist das Spielziel ganz einfach: *Überleben!*

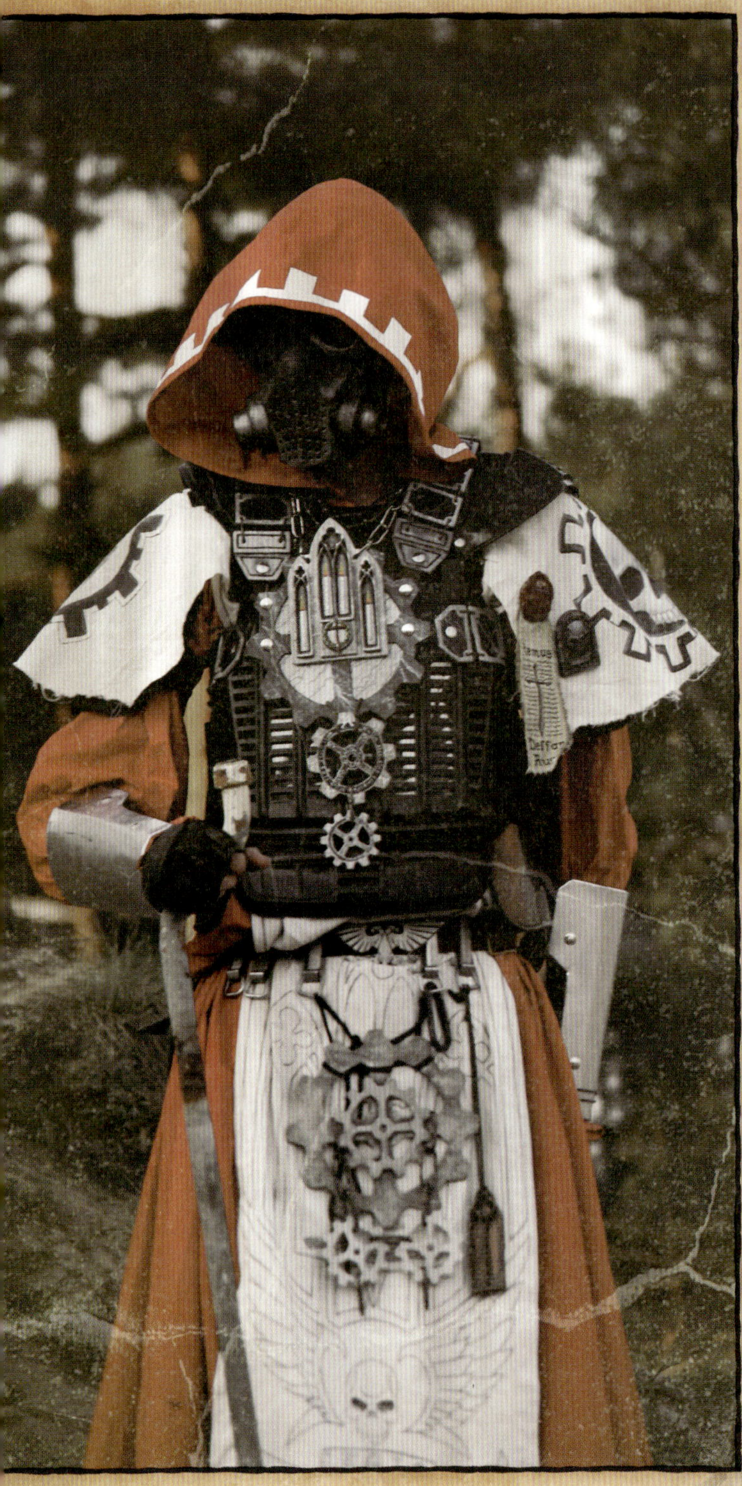

Endzeit

Bei Endzeit-Spielen im Stil von *Mad Max* geht es um das Überleben in einer zerstörten Welt und den Kampf um Ressourcen. Abgerissene Kostüme und moderne Waffen dominieren diese Spiele. Als Spielstätten dienen alte Lagerhallen, Industriegebiete und ehemalige Militärgelände. Echte Helden gibt es hier nicht, Misstrauen und Verrat sind an der Tagesordnung. Die Spieler versuchen in einer düsteren Zukunft zu überleben, in der sich jeder selbst der Nächste ist.

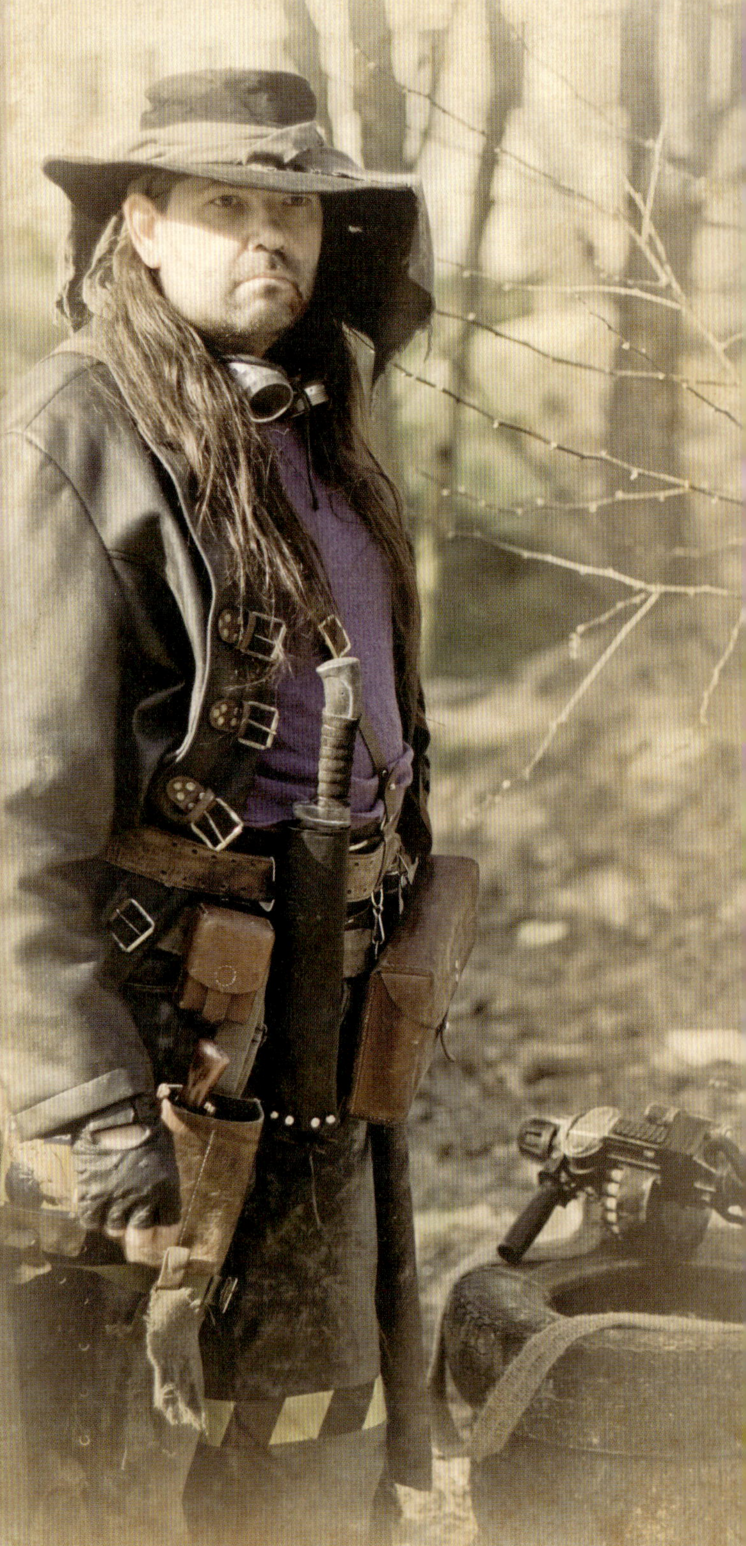

Science Fiction

Ob Erkundungsmissionen in ferne Galaxien, Außenmissionen auf fremde Planeten oder Feuergefechte mit fiesen Aliens – wer Schwert und Rüstung gegen Laserpistole und Tricorder eintauschen will, findet ebenfalls ein umfangreiches Spielangebot. Hier lassen sich auch elektronische Spielereien und Multimedia hervorragend ins Spiel einbauen, beispielsweise in Flugsimulationen. Wirklich enthusiastische Veranstalter basteln als Kulisse sogar ganze Raumschiffbrücken nach.

Steampunk

Steampunk, das ist eine Mischung aus viktorianischem oder wilhelminischem Zeitalter und Science-Fiction, wie man sie sich zu dieser Zeit vermutlich vorgestellt hätte. Eine alternative Welt in der Zeit von Sherlock Holmes und Jack the Ripper, voll mit phantastischer, dampfbetriebener Technologie, bis hin zu Computern und Raumschiffen. Die Steampunk-Idee hat gerade in den letzten Jahren eine wachsende Fangemeinde gefunden, die mit viel Kreativität detailreiche Kostüme und Accessoires bastelt. Insofern war es gewissermaßen nur eine Frage der Zeit, bis Steampunk auch im LARP Einzug hielt. Obwohl es in Deutschland noch ein relativ junges LARP-Genre ist, hat es auch hier bereits zahlreiche Fans.

Western

Wer erinnert sich nicht mit etwas Wehmut an die Cowboy- und Indianerspiele der Kindheit? Da liegt es auf der Hand, dass LARP auch vor dem Wilden Westen nicht Halt macht. Egal ob tanzende Bardamen oder Duelle auf offener Straße: All das kann man beim Western-LARP erleben. Dabei kann der Spielstil sehr unterschiedlich sein. Manche Veranstalter tendieren stärker in Richtung Hollywood-Wild-West, andere legen mehr Wert auf historische Zusammenhänge.

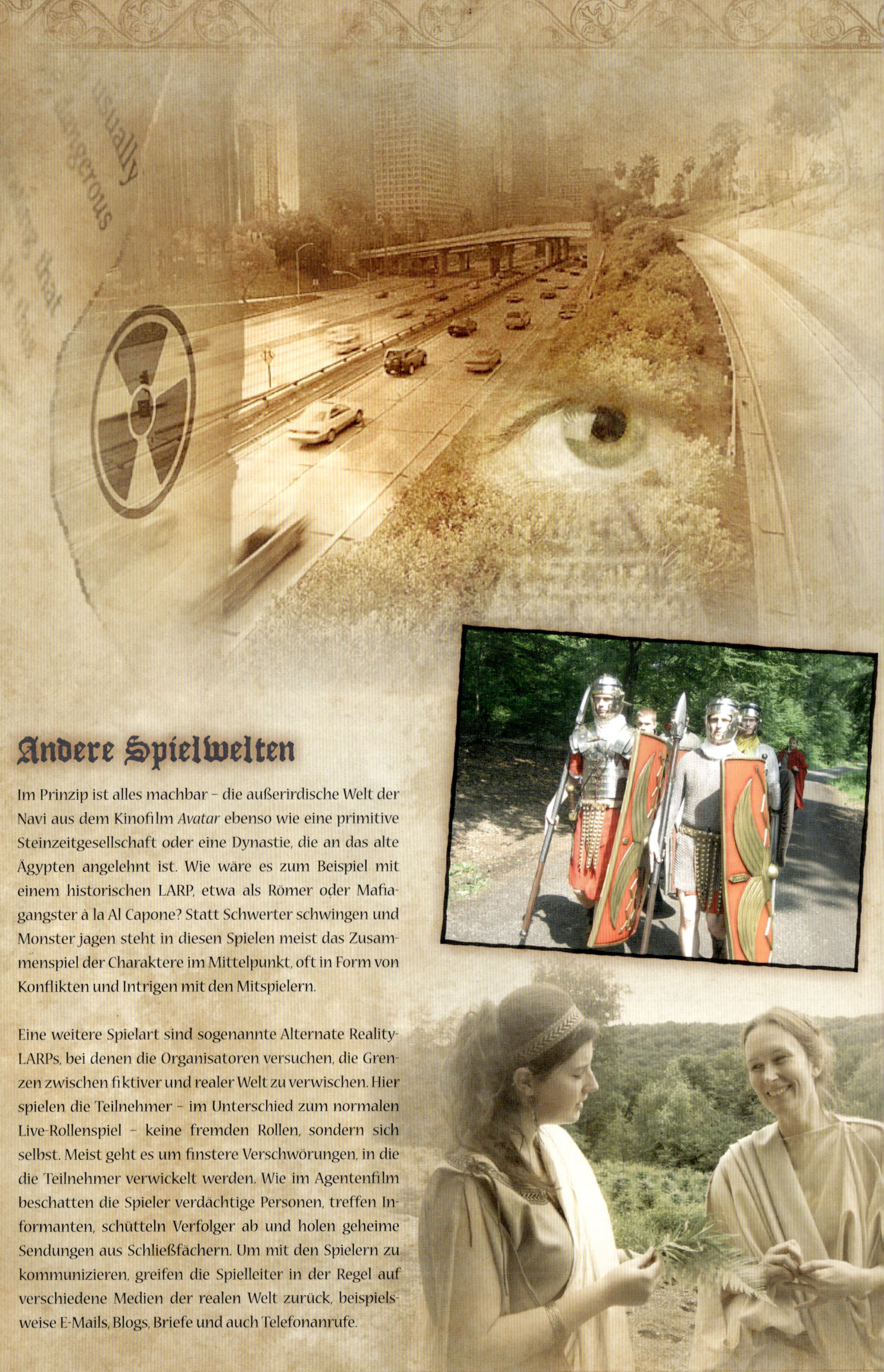

Andere Spielwelten

Im Prinzip ist alles machbar – die außerirdische Welt der Navi aus dem Kinofilm *Avatar* ebenso wie eine primitive Steinzeitgesellschaft oder eine Dynastie, die an das alte Ägypten angelehnt ist. Wie wäre es zum Beispiel mit einem historischen LARP, etwa als Römer oder Mafiagangster à la Al Capone? Statt Schwerter schwingen und Monster jagen steht in diesen Spielen meist das Zusammenspiel der Charaktere im Mittelpunkt, oft in Form von Konflikten und Intrigen mit den Mitspielern.

Eine weitere Spielart sind sogenannte Alternate Reality-LARPs, bei denen die Organisatoren versuchen, die Grenzen zwischen fiktiver und realer Welt zu verwischen. Hier spielen die Teilnehmer – im Unterschied zum normalen Live-Rollenspiel – keine fremden Rollen, sondern sich selbst. Meist geht es um finstere Verschwörungen, in die die Teilnehmer verwickelt werden. Wie im Agentenfilm beschatten die Spieler verdächtige Personen, treffen Informanten, schütteln Verfolger ab und holen geheime Sendungen aus Schließfächern. Um mit den Spielern zu kommunizieren, greifen die Spielleiter in der Regel auf verschiedene Medien der realen Welt zurück, beispielsweise E-Mails, Blogs, Briefe und auch Telefonanrufe.

Recht und Gesetz

Wenn bei einem LARP ein Dutzend oder manchmal sogar viele tausend Leute aufeinander treffen, dann funktioniert dies nicht immer reibungslos. Daher gibt es neben gesetzlichen Auflagen für den Veranstalter auch für die Teilnehmer ein paar Regeln zu beachten, die ein schönes Zusammenspiel sicher stellen sollen.

Minderjährige im LARP

Es gibt Veranstaltungen, die speziell auf Kinder und Jugendliche zugeschnitten sind, und immer mehr Veranstalter berücksichtigen, dass die ehemaligen Studenten, die als Singles LARP spielten, inzwischen Familien mit Kindern haben und dieses schöne Hobby nicht aufgeben möchten.

Und trotzdem: So gern Papa mit dem Sohnemann am Sonntag kicken geht – Kinder gehören nun mal nicht aufs Feld beim Bundesliga-Spiel. Live-Rollenspiele können Szenen darstellen, die gerade kleine Kinder manchmal erschrecken oder gar verstören. Erfahrene Veranstalter nehmen oft einen Hinweis zur Kinderfreundlichkeit in die Beschreibung des Cons auf, um Missverständnisse von Anfang an zu vermeiden.

Wenn die SL eine Veranstaltung nicht für kindertauglich hält, solltest Du gar nicht erst darüber diskutieren – auch wenn es noch so schade ist. Je mehr Kompromisse die Orga eingehen muss, desto mittelmäßiger wird die Veranstaltung.

Schluss mit lustig

Live-Rollenspieler sind zwar ein tolerantes und nettes Völkchen, das eigentlich jeden Spaß versteht und auch mitmacht. Aber auch im LARP gibt es Tabus, die man auf keinen Fall brechen sollte, da man andere verletzen, kränken oder ihnen anders zu nahe treten könnte.

Alkohol und Drogen

An erster Stelle soll hier Drogen- bzw. Alkoholkonsum genannt sein. Dahingehend hat sich eine klare und einheitliche Regel etabliert: Die Einnahme illegaler Drogen ist natürlich auch auf Live-Rollenspielen untersagt, wer zu viel Alkohol konsumiert hat, muss sich aus dem Spielgeschehen zurückziehen. „Wer sich nicht daran hält, der fliegt vom Con" – eine harte, aber notwendige und durchaus vernünftige Ansage der SL.

Keine illegalen Drogen, Alkohol in Maßen, dann klappt es auch mit der Spielleitung.

Im Rausch der dichten Atmosphäre

Generell sind die bespielten Welten ein oft recht brutales Pflaster. Es tobt ein ewiger Kampf zwischen Gut und Böse, Horden der Finsternis überfallen kleine Dörfer, Dämonen erscheinen, um Leid und Unglück zu bringen, Banden von Orks und Scharen von Untoten ziehen mordend durch die Lande.

Im Live-Rollenspiel wird eigentlich immerzu gekämpft, mal in einzelnen Scharmützeln, mal in riesigen Schlachten, gegeneinander, miteinander und manchmal ist die Atmosphäre so dicht und bedrohlich, dass man sich nicht einmal traut, aufs Klo zu gehen, aus Angst, man könne überfallen, gemeuchelt oder sonst wie angegangen werden. Wenn eine solche, dichte Atmosphäre aufgebaut wurde, ist das eigentlich gut, da sie die Stimmung zum Brodeln bringt und das Adrenalin in die Höhe schießen lässt. Man ist voll eingetaucht in die ausgedachte Welt. Diese Aufregung und Spannung sind wichtig im LARP, sie machen einen großen Teil des Reizes an der Sache aus.

Doch gerade in solchen Situationen, in denen man glaubt, allein durch das Anzünden eines Streichholzes einen Flächenbrand verursachen zu können, heißt es aufpassen. Schnell kann es passieren, dass die Stimmung überkocht. Unter dem Einfluss von Adrenalin, wenig Schlaf, körperlicher Anstrengung und dem einpeitschenden Rhythmus eines begnadeten Schlachtentrommlers wird die simulierte Welt manchmal so greifbar, wie man es sich vom Lesen dieses Buches im gemütlichen Sessel daheim nicht vorzustellen vermag.

Daher gibt es eine Grundregel, deren Bedeutung man wohl erst dann erfassen kann, wenn man ein LARP selbst live erlebt hat:

Du darfst niemals vergessen – auch wenn die Situation noch so aufregend und real ist: Alles ist nur gespielt!

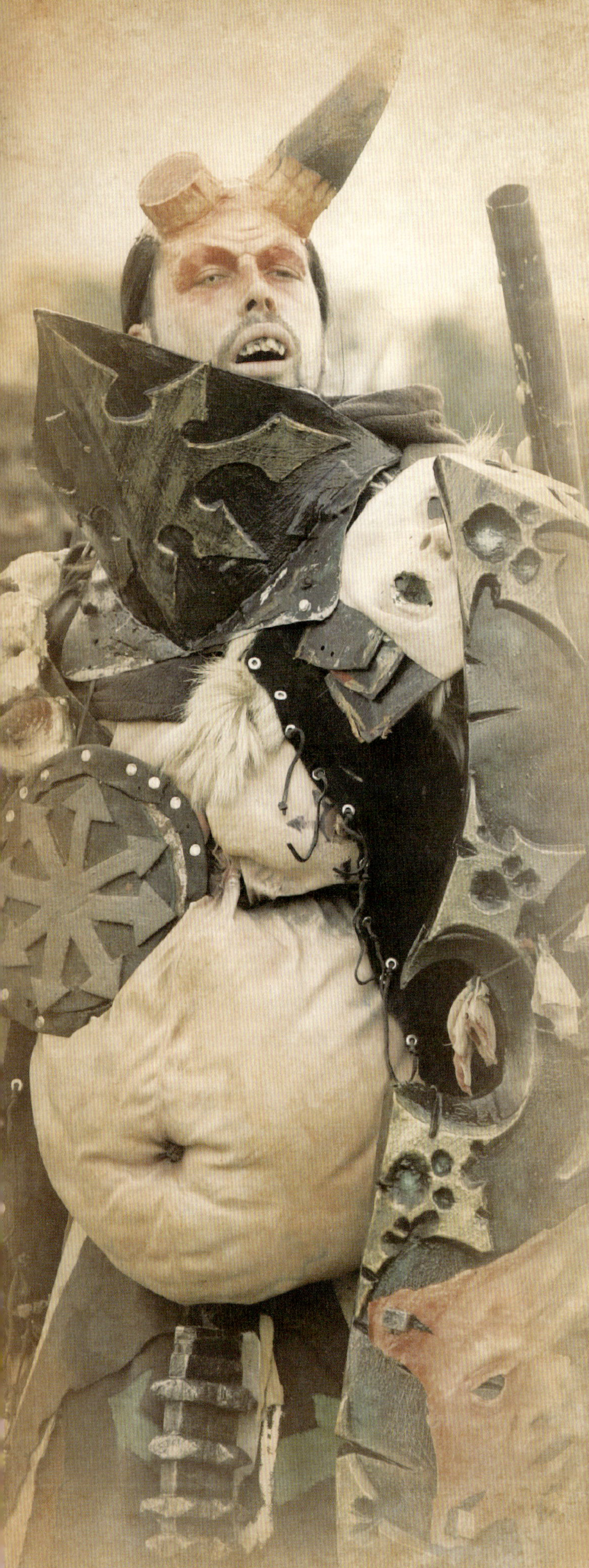

Unter den schauderhaften Masken der Monster, die Euch auf dem Schlachtfeld gegenüberstehen, verbergen sich einfache Menschen, NSCs nämlich, die, obwohl sie die Bösen spielen, nicht so gern mit Prellungen und blauen Flecken nach Hause gehen möchten.

Gehe vorsichtig mit den Mitspielern um, auch wenn die Gegner angsteinflößend sind!

Wenn Ihr im Kampf einmal einen Hieb nicht abbremsen konntet oder Euer Gegenüber am Kopf oder woanders unglücklich getroffen haben solltet, fragt kurz nach, ob alles in Ordnung ist. Das ist nett und beugt Streitereien vor.

Gespielte Brutalität

Wenn in Filmen die Gegenspieler der Helden dargestellt werden, so zeigen sie sich oftmals unglaublich brutal. Folter und sogar Vergewaltigung sind uns von der Leinwand her inzwischen vertraut. *Diese Dinge haben nichts im LARP zu suchen.* Während ein Schauspieler sich für das Drehbuch und damit nicht nur die Rolle, sondern auch die darzustellende Handlung entscheidet, geschieht dies im LARP explizit nicht. Da gespielte Brutalität weit in die Privatsphäre der Darsteller eindringt, gilt sie im LARP als Tabu. Tut Eurem Gegner nie etwas an, was Euch selbst keinen Spaß machen würde.

Und da man nicht davon ausgehen kann, dass Euren Mitspielern alles Spaß macht, was Euch Spaß macht: Denkt insbesondere bei Aktionen gegen Eure Mitspieler immer wieder daran, nachzufragen, ob es ihnen gut geht und ob es in Ordnung für sie ist, was und wie gerade gespielt wird. Und das beginnt schon beim Fesseln eines Feindes!

Nachfragen erwünscht. Natürlich stört jede Frage den Spielfluss, aber je mehr man am Anfang fragt, desto sicherer kann man künftig Situationen einschätzen. Das hebt den Spielspaß und sorgt langfristig für ein reibungsloses Spiel.

Gefahren vermeiden

Außenstehende konfrontieren Live-Rollenspieler gelegentlich mit dem Vorurteil, dass es doch eine Gefahr sein könne, sich in der Scheinrealität der Fantasy-Welt zu verlieren. So abenteuerlich solche Mutmaßungen von selbsternannten Hobby-Psychologen auch sein mögen – auch im Live-Rollenspiel gibt es reale Gefahrenquellen, die es zu beherrschen gilt. Allerdings sind das erfahrungsgemäß wesentlich unspektakulärere als das Risiko, an Schizophrenie zu erkranken …

1. **Stolperfallen.** Die mit Abstand häufigsten Verletzungen auf Live-Rollenspielen sind Prellungen, Zerrungen und Verstauchungen, gelegentlich gibt es auch Platzwunden und Knochenbrüche – zumeist ausgelöst durch simples Stolpern. Wegen trüben Lichts von Fackeln und Kerzen werden gerade nachts leicht Stufen oder Wurzeln übersehen. Daher gilt besondere Vorsicht beim Bewegen in der Dunkelheit und über unbekanntes Terrain.

2. **Kreislaufprobleme.** Das schnelle Laufen oder Marschieren, das Kämpfen in schweren Rüstungen und die hohe körperliche Anstrengung bei wenig Schlaf schlagen insbesondere bei hohen Temperaturen auf den Kreislauf. Viel Wasser trinken, genügend Pausen einlegen, Verzicht auf Koffein und angemessen viel Schlaf helfen, das Risiko zu reduzieren.

3. **Umgang mit Feuer.** Dies führt zwar nur sehr selten zu schweren Verletzungen, manchmal kommen sie aber doch vor, und dann resultieren sie in der Regel aus Sorglosigkeit oder gar Fahrlässigkeit: Feuerspucken ohne entsprechende Ausbildung, Grillkohle mit Spiritus oder gar Benzin entzünden oder der leichtfertige Umgang mit Kerzen und offenem Feuer in der Nähe brennbarer Materialien.

4. **Verirren.** Für Außenstehende erscheint die Vorstellung beinahe absurd, sich in Deutschland zu verirren. Immerhin befinden wir uns nicht in Kanada oder Sibirien. In wenigen Stunden sollte man immer eine Siedlung erreichen, die Mobilfunkabdeckung liegt bei fast 100 Prozent. Aber was, wenn man völlig übermüdet im Kreis läuft? Und zwar – wie im LARP üblich – ohne Karte, ohne GPS, ohne Telefon. Immer in einer Gruppe zu bleiben – vor allem nachts –, macht es leichter, dem richtigen Pfad zu folgen.

5. **Hygiene.** Eigentlich eine Selbstverständlichkeit – doch schon so mancher hat den Drang nach „mehr Realismus" teuer bezahlt: Die mit der vergleichsweise hohen körperlichen Anstrengung verbundene Schweißbildung, starkes Schminken und Masken belasten vor allem die Haut. Bekommt diese keine Chance zur Entspannung – etwa durch Abschminken und trockene, frische Socken –, reagiert sie gereizt und irritiert. Genau wie all jene Mitspieler, die den üblen Körpergeruch ertragen müssen …

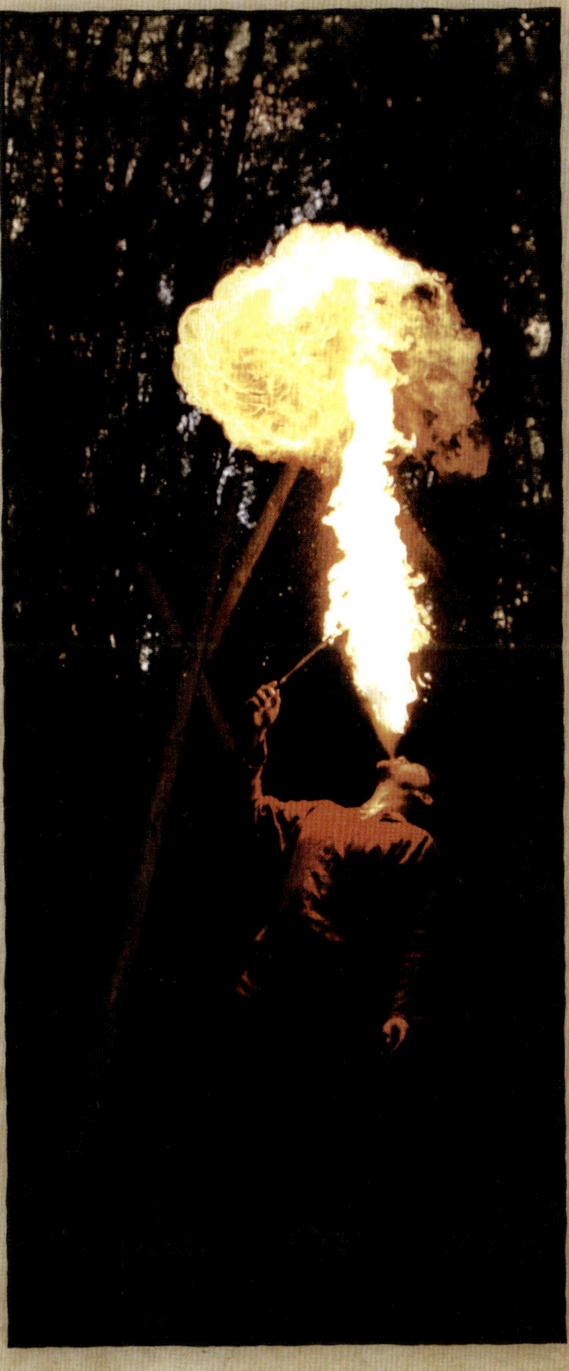

Spielregeln

Angeblich sind Spielregeln die ältesten Gesetze der Welt. Sie zeigen einem Spieler seine Möglichkeiten auf, unterscheiden zwischen korrektem und unfairem Verhalten und bestimmen die Spiellogik. Im LARP gibt es keine einheitlichen Regeln, dennoch haben sich wünschenswerte Verhaltensweisen herausgestellt, die sich – unabhängig vom verwendeten Regelwerk – wie ein roter Faden durch die LARP-Landschaft ziehen.

Der LARP-Kodex

Der nachfolgende Kodex ist eine Sammlung üblicher Richtlinien für ein faires und anständiges Spiel.

§1 Die Spielleitung hat stets das letzte Wort.

§2 Der Tag hat 24 Stunden Spielzeit. Wer nicht spielt, zieht sich dezent zurück.

§3 Was nichts mit dem Spiel zu tun hat, soll nicht zu sehen und zu hören sein.

§4 Toiletten und Waschräume sind keine Spielzone.

§5 Illegale Drogen haben natürlich auch auf einem LARP nichts verloren.

§6 Alkoholisierte Teilnehmer nehmen an Kampfhandlungen nicht teil.

§7 Treffer und Schläge werden dramatisch ausgespielt.

§8 Ehrlichkeit siegt. Regeln im Zweifelsfall zu den eigenen Ungunsten auslegen.

§9 Sauberkeit wird eingehalten, insbesondere in der Natur.

§10 Fotos und Filme werden nicht ohne Einverständnis ins Internet gestellt.

LARP spielt man miteinander, nicht gegeneinander! Wer Regeln oder den Kodex bricht, nimmt viel vom Spielspaß. Was man gibt, erhält man mehrfach zurück.

Regelwerke

Die momentan verfügbaren Regelwerke konzentrieren sich darauf, durch bestimmte Vorgaben eine gemeinsame Spielwelt zu simulieren und dabei dem Anspruch einer gewissen Gerechtigkeit zu genügen. Typischerweise enthalten sie unter anderem Regeln, wie spielbare Figuren (die sogenannten Charaktere) gestaltet werden können. Charaktere sind normalerweise durch spielrelevante Eigenschaften (man spricht von Fertigkeiten) gekennzeichnet. Alle weiteren Eigenschaften, die nicht spielrelevant sind, kann der Spieler in der Regel frei wählen.

Das Regelwerk legt einen Rahmen fest, wie Erfolg und Misserfolg von spielrelevanten Fertigkeiten zu simulieren sind (zum Beispiel: Wie kämpft man? Wie stellt man Heiltränke her? Unter welchen Umständen „stirbt" ein Charakter?).

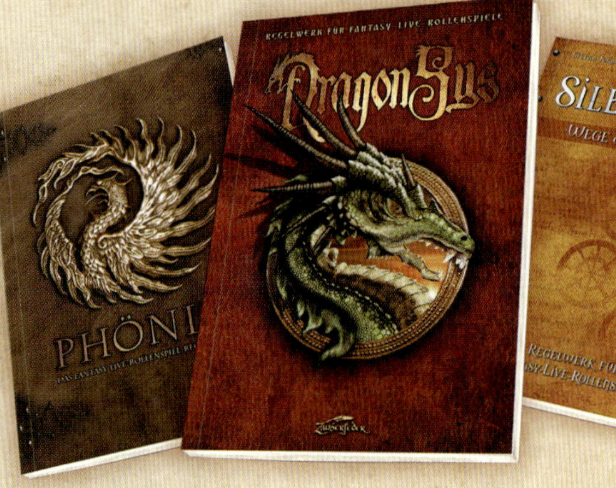

Im Moment gibt es zwei grundlegend verschiedene Spielphilosophien: Im punktebasierten LARP kann man messbare Vorteile durch Erfahrungen im Spiel sammeln. Daneben gibt es noch Spielvarianten, die ohne feste Punkte auskommen und so anstatt eines Anspruches auf bestimmte Fähigkeiten stärkeren Wert auf eine überzeugende Darstellung legen.

Im Grunde ist es fast egal, nach welchem Regelwerk man sich richtet. Mal fährt man auf eine Veranstaltung nach dem Regelwerk A, ein anderes Mal besucht man Cons nach Regelwerk B. Groß-Cons verfügen sogar über eigene Regelwerke. Alle Regeln haben ihre eigenen Vor- und Nachteile: Einige sind besonders knapp und prägnant, andere leben von ihrer Vielfalt, wieder andere liefern nicht nur Regeln, sondern bringen die fiktive Welt mit Städtenamen, Religionen und gesellschaftlichen Werten und Organisationen gleich mit. Eine Auswahl häufig bespielter Systeme haben wir im Anhang aufgelistet (s. S. X).

Viele Regelwerke haben eines gemeinsam: Sie nutzen sogenannte Erfahrungspunkte zur Darstellung der Weiterentwicklung der Spielfigur und als Mittel für ein gewisses Gleichgewicht im Spiel. Nach jedem LARP, das der Charakter überlebt hat, bekommt er Erfahrungspunkte (zum Beispiel einen Punkt für jeden Tag und eventuell zusätzliche Bonuspunkte nach Ermessen der Spielleitung). Diese Erfahrungspunkte können genutzt werden, um neue Fertigkeiten zu erwerben, oder gespart, um sie später gegen eine etwas teurere Fertigkeit einzutauschen. Diese neue Fertigkeit sucht man in seinem Regelwerk aus und trägt sie in den Charakterbogen ein. Die im Regelbuch vermerkten Kosten in Erfahrungspunkten zieht man von seinem Punkteguthaben ab.

Lina Schmidt möchte die Zwergin Alana Donnerschlag spielen. Sie hat sich überlegt, dass Alana den Beruf einer Schmiedin ausüben soll. Außerdem soll sie sich auf den Kampf mit der Axt verstehen und fähig sein, Runen zu schreiben und zu lesen. Also kauft Lina für Alana von ihren Grundpunkten diese Fähigkeiten ein und schreibt sie auf Alanas Charakterbogen (die Kosten sind im jeweiligen Regelwerk zu finden).

Wenn sie demnächst auf einem Live-Rollenspiel geheimnisvolle Runen entdeckt, darf sie zur SL gehen und bekommt Informationen darüber.

Es gibt jedoch auch Fertigkeiten, die man nicht einfach so kaufen kann. Beispielsweise muss ein Zauberer in bestimmten Regelwerken, bevor er sich „Meistermagier" nennen darf (und die mit diesem Titel verbundenen Vorteile nutzen kann), zuerst eine von der Spielleitung gestellte Prüfung bestehen. Selbiges gilt für Meisterdiebe, Waffenmeister usw.

Je länger ein Charakter gespielt wird, desto mehr Erfahrungspunkte bekommt er, und je mehr Erfahrungspunkte ein Charakter hat, desto mächtiger wird er, da er sich neue Fertigkeiten kaufen kann.

Neben den spielrelevanten Fertigkeiten sollte man seiner Figur noch mehr Tiefe geben, indem man sich für ihn ein paar charakteristische Besonderheiten überlegt. Dadurch wird aus der noch abstrakten Ansammlung von Eigenschaften und Werten eine einprägsame Persönlichkeit mit eigenem Charme und Charakter. Vielleicht wird der Person schlecht, wenn sie Wein trinkt? Oder sie reagiert allergisch auf Metall? Oder vielleicht hat sie auch panische Angst vor Wasser? Der Fantasie sind hier keine Grenzen gesetzt.

Spielen statt Regeln

Viele Spielleitungen und Orgas verzichten vollständig auf Regelwerke. Sie spielen nach DKWDDK, was die Abkürzung ist für: „Du kannst was Du darstellen kannst."

Das heißt im Klartext: Jeder bringt die Fertigkeiten, die er sich für seinen Charakter ausgedacht hat, so überzeugend wie möglich rüber, ohne dafür mit Punkten zu bezahlen. Dies klingt sehr reizvoll, da der Fantasie noch weniger Grenzen gesteckt sind. Doch auch DKWDDK hat seine Nachteile:

1. Gerade für Neulinge sind die Leitlinien, welche durch punktebasierte Regelwerke vermittelt werden, eine gute Stütze, um zu verstehen, was machbar ist – und was nicht.

2. Der Verzicht auf Regeln geht einher mit einem höheren Anspruch an die darstellerische Qualität. Diesem und dem Spielgleichgewicht immer Rechnung zu tragen, ist alles andere als leicht.

Die Verfechter der DKWDDK-Spielphilosophie sind sich einig, dass dieses Konzept zumindest einen entscheidenden Vorteil hat: Niemand erwirbt den Anspruch auf bestimmte Fertigkeiten durch Punkte bzw. viele besuchte Live-Rollenspiele, sondern einzig durch schönes Spiel. Was „schön" ist und was nicht, entscheidet letztlich der Einzelne, weshalb zu DKWDDK auch Vertrauen in Fairness der anderen gehört.

Obwohl zu DKWDDK im Grunde keine Regeln erforderlich sind, werden oft Richtlinien ausgegeben, um ein Spielgleichgewicht von Anfang an zu ermöglichen. Ohne diese Richtlinien fände es vielleicht ein Spieler fair, zehn Schwerthiebe einzustecken – während der andere nach dem ersten Streich zu Boden geht. Auch andere Dinge wollen geklärt sein, zum Beispiel der Umgang mit Fremdsprachen, das Identifizieren von Tränken oder das Wirken von Magie.

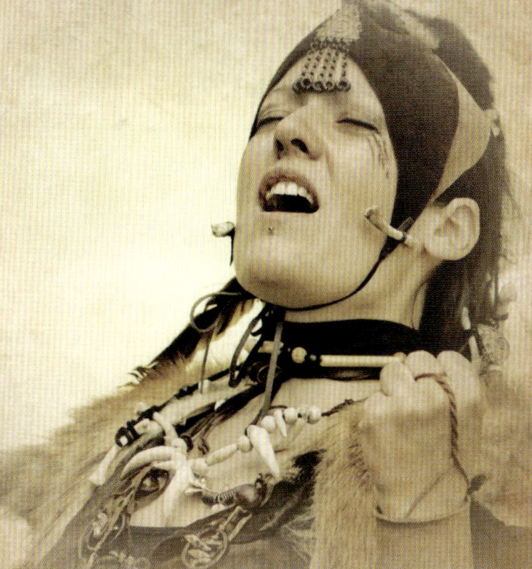

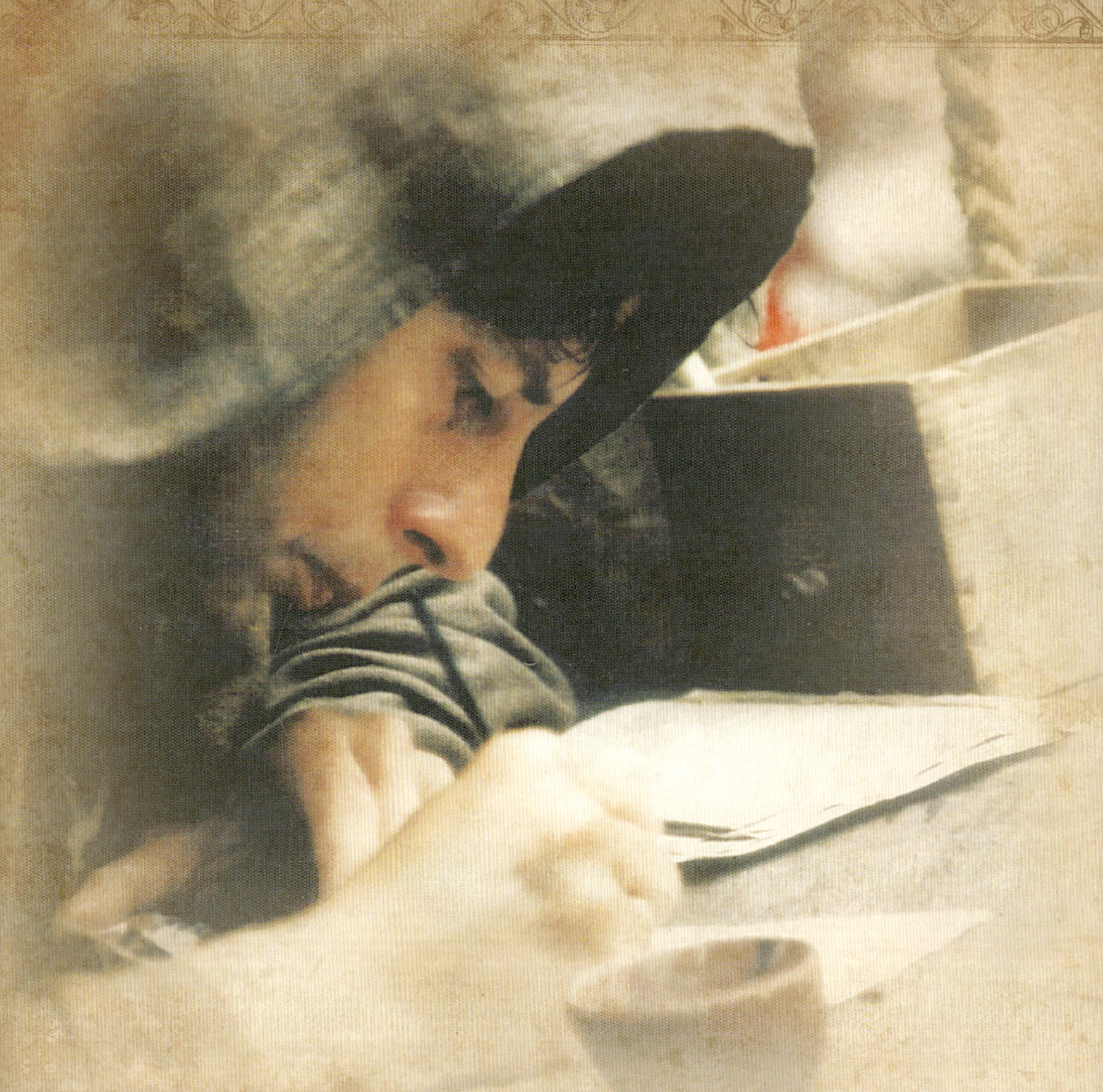

Fremdsprachen

So versuchen Elfenspieler oft, zumindest einige Worte Sindarin zu sprechen, manche Zwerge nutzen die Fragmente der von Tolkien entworfenen Zwergensprache und deren Runen, und verschiedene Gruppen verwenden eigene Sprachen oder Sprachdialekte, um sich auch akustisch vom Rest abzuheben.

Eine Spielergruppe möchte einen Clan eines Naturvolks darstellen, inspiriert von den nordamerikanischen Indianern. Um die Fremdartigkeit der Gruppe zu unterstreichen, unterhalten sie sich in einer Sprache, die in der Tat niemand anders versteht, denn sie ist dem Lakota, einer Indianersprache, entlehnt. Als besonderen Reiz verstehen einige Charaktere des Clans die „Gemeinsprache" – können sie aber nicht sprechen.

Runen & Schriften

Plottexte in Runen oder einer Geheimschrift erfüllen meist die Funktion eines Rätsels, d.h. sie sollen für die Spieler eine kleine Kopfnuss darstellen. Meist sind sie recht einfach verschlüsselt, indem jedes Zeichen des Alphabets durch ein anderes Zeichen ersetzt wurde. Solche Verschlüsselungen können mit etwas Übung und geschicktem Raten leicht geknackt werden. Denkbar sind auch kompliziertere Chiffrierungsmethoden, diese können allerdings zu Frustration führen, wenn sie zu schwer zu entschlüsseln sind.

Manche Regelwerke sehen Fertigkeiten vor, mit denen ein Charakter besondere Erfahrung im Entschlüsseln geheimer Nachrichten haben kann. Gibt es im Spiel einen verschlüsselten Text, kann die Spielleitung dem Spieler dieses Charakters Lösungshinweise zur Verfügung stellen.

Gifte & Tränke

Zaubertränke kann man erkennen, solange sie in verkorkten und gut beschrifteten Fläschchen sind. Aber wie stelle ich fest, dass mir jemand etwas ins Bier getan hat? Immer dann, wenn ich etwas esse oder trinke, das übertrieben würzig erscheint, ist es höchste Zeit, die SL um Rat zu fragen.

Ein einfacher Code zur Entschlüsselung der Wirkung von Zaubertränken ist über den Geschmack gegeben. Das kann beispielsweise so funktionieren:

Süß	Heilung (z. B. Krankheiten heilen)
Bitter	Stärkung für Kampf (z. B. Rüstungstrank)
Salzig	Giftig (z. B. Übelkeit, Krankheiten)
Scharf	Sehr Giftig (z. B. tödliches Gift)
Sauer	Schabernack (z. B. Liebeszauber)

Das Brauen von Tränken ist pures Spiel. Daher ist ein gut gespielter Alchimist oder eine überragend dargestellte Kräuterhexe mit Sicherheit ein Highlight eines Cons. Die genutzten Rezepturen können den Charakter der gespielten Figur deutlich unterstreichen und wesentlich zur Stimmung beitragen.

Jiska werden auf dem Markt zwei Tränke angeboten. Adalbert verkauft eine schwarz-blaue, ölige Substanz mit angeblich heilender Wirkung. Sie soll aus Katzenblut, Trollzehennägeln und Rattenhaar destilliert worden sein. Die alte Frau Klotz bietet ihr hingegen eine grünliche Kräutertinktur, die nach Rosenöl duftet und ebenfalls heilende Wirkung entfalten soll.

Das Herstellen von Tränken und Tinkturen lässt sich unterschiedlich darstellen, daher kann eine süße, gelbe Flüssigkeit einmal ein Heiltrank, ein andermal ein tödliches Gift sein. Als Laie wird man es nicht herausfinden können.

Um die Wirkung von Tränken vorher analysieren zu können (vorausgesetzt, ein Charakter hat die entsprechende Fertigkeit) oder nach dem Genuss den tatsächlichen Effekt zu erfahren, sind an den entsprechenden Fläschchen häufig kleine, gefaltete Zettel angebracht, auf denen die Wirkung beschrieben steht.

Und wie wäre es mit einem Haarwuchsmittel im Essen als kleiner Streich eines Koboldes? Schmeckt etwas übermäßig sauer, süß, salzig, scharf oder bitter – dann wende Dich unauffällig an die SL, die Dir erläutern kann, was vorgefallen ist und wie Du Dich verhalten musst.

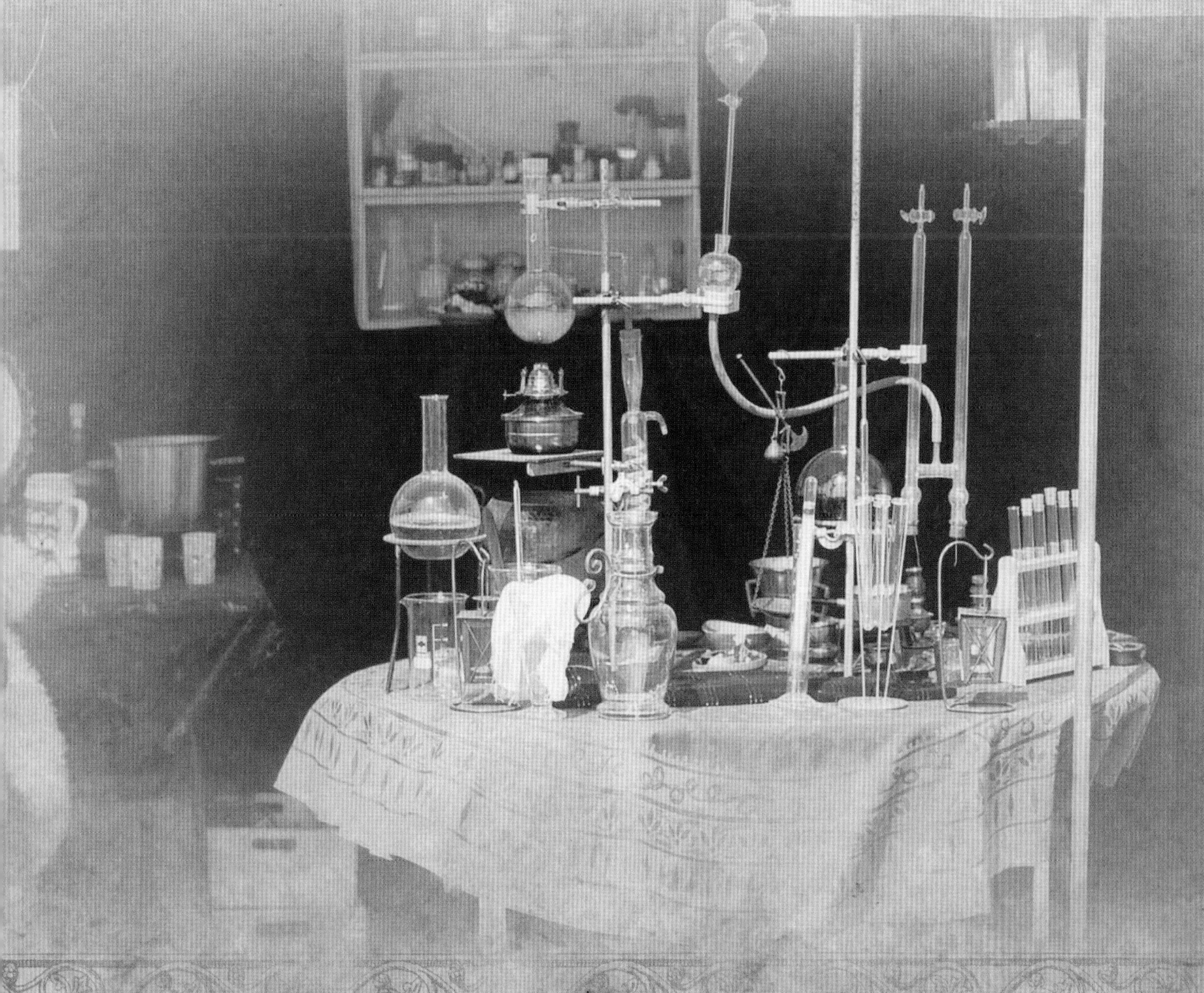

Geldwirtschaft & Münzen

Ein großer Reiz im LARP ist das Suchen und Erbeuten von Schätzen. Doch nicht nur Edelsteine und magische Gegenstände lassen das Herz eines Abenteurers höher schlagen. Besonders beliebt ist Geld. Harte Währung. Aus Gold, Silber oder Kupfer.

Im Allgemeinen gilt offiziell ein Umtauschkurs von 1 Gold = 10 Silber = 100 Kupfer. Dieser Kurs wird in der Regel aber nie bezahlt, denn Geld ist rar. Will z. B. ein Ritter einen Botengang mit zwei Kupfern entlohnen, so kann der Bote auf das angebotene Gold keine 98 Kupfer zurückgeben, weil er so viel Geld schlicht nicht besitzt.

Der Wechselkurs einer Währung hängt von ihrer Qualität und dem Verhandlungsgeschick des Charakters ab. Fläche, Dicke, Prägung und das Motiv der Münze können ihren Wert im Spiel erheblich beeinflussen. Am Spieltisch ist ein dickes, poliertes Kupfer manchmal dreimal so viel wert wie eine kleine Münze in Hammerprägung. Daher tauscht kaum jemand 1:10. Ein Kurs von 1:7 ist beinahe üblich, 1:3 hingegen blanker Wucher. Um Tauschprobleme zu vermeiden, gibt es auf einigen Veranstaltungen auch Geldscheine, die deutlich günstiger herzustellen sind. Sie eignen sich zwar auch gut für das Ausspielen von Fälschen, und der Ärger des Bestohlenen beim „Dieben" ist geringer, doch geht damit aus Sicht vieler Spieler auch ein Stück Ambiente verloren.

Während die Ausrüstung und persönliche Gegenstände für Diebe und Gauner im Rollenspiel tabu sind, können spielinterne Münzen schnell den Besitzer wechseln. Auch wenn hinter jeder Münze ein realer Wert steckt, ist es im LARP oft Usus, einem Dieb, der sein Handwerk unauffällig verrichtet hat, die erbeuteten Münzen zu überlassen und sie nicht zurückzuverlangen. Aber Vorsicht! Auf einigen Veranstaltungen gelten strengere Regeln, was gediebt werden darf und was nicht. Daher ist es unverzichtbar, mit der Spielleitung vor Spielbeginn zu klären, was man erbeuten darf und welche Tabus es gibt.

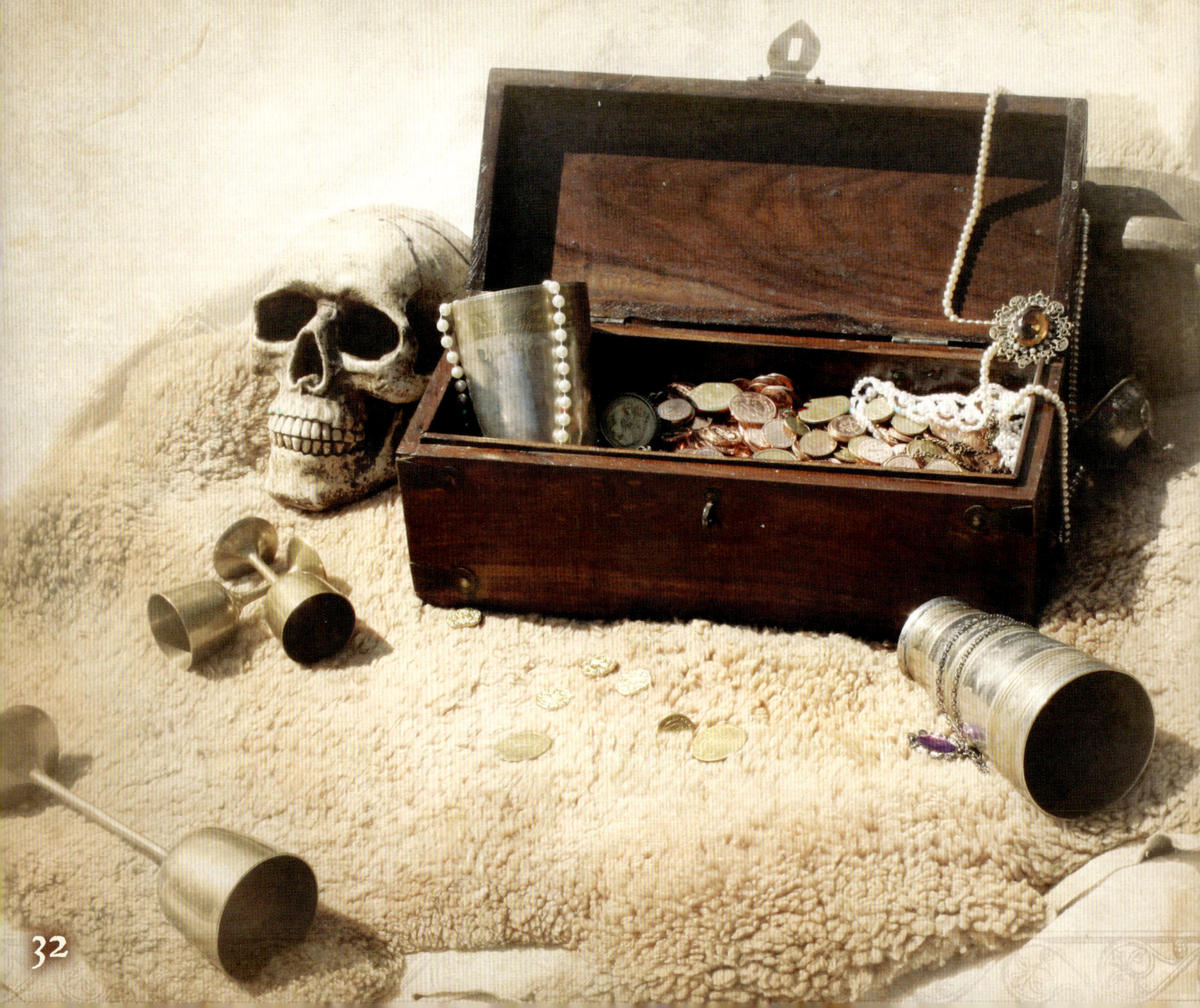

Waffen & Rüstungen

Kampf ist in vielen LARPs ein Schwerpunkt, und fast jede Spielleitung hat eigene Hausregeln entwickelt. Selbst beim Spiel nach festen Regelwerken findet man oft hausgemachte Veränderungen, nur wenige Regeln gelten so gut wie immer. Dazu gehören:

1. Sicherheit ist oberstes Gebot.
2. Mit Polsterwaffen wird geschlagen, nicht gestochen.
3. Anwendung von Kampfsportarten („Vollkontakt") ist verboten.
4. Gezielte Schläge auf Kopf, Finger und Genitalien sind verboten.
5. Schusswaffen (Armbrüste oder Bögen) sind nur mit einer Zugkraft von meist maximal 30 lbs. zulässig. Alle Pfeile müssen durchstoßsichere Polsterköpfe besitzen, die größer als eine Augenhöhle sind.
6. Rüstungen und Schilde dürfen keine scharfen Kanten haben.
7. Die Spielleitung hat das letzte Wort und kann zusätzliche Einschränkungen vornehmen.

Bögen und Armbrüste kaufst Du am besten im LARP-Fachhandel, Pfeile bestellst Du am günstigsten für Freunde und Bekannte gleich mit. Große Menge = großer Rabatt, Versandkosten lassen sich besser umlegen.

Einen Kampf kann man sich gut als sportlichen Wettbewerb vorstellen. Mit der eigenen Polsterwaffe muss man versuchen, den Gegner zu treffen – und sich selbst gegen die einprasselnden Hiebe verteidigen (sie parieren).

Ein Kämpfer ohne jegliche Rüstung geht normalerweise nach drei Treffern zu Boden und wird bewusstlos. Wird er nicht versorgt, so ist er nach 15 Minuten verblutet.

Da Du im LARP üblicherweise keine Uhr trägst, kannst Du statt 15 Minuten abzuschätzen auch einfach bis 1000 zählen.

In der Vergangenheit schützten sich Kämpfer mit Rüstungen aus Leder, Metall oder anderem Material. Auch im Live-Rollenspiel ist dies eine gute Idee, um seinem Charakter eine größere Überlebenschance im Kampf zu geben.

Je stärker die Rüstung, desto mehr Treffer hält sie aus.

Hierzu gilt häufig die vereinfachte Regel: Die ersten Treffer gehen auf die Rüstung, danach wird von den Lebenspunkten abgezogen. Es spielt bei vielen Veranstaltungen keine Rolle, ob man auf den gepanzerten Torso schlägt oder auf den ungeschützten Ellenbogen. Erst werden die Rüstungspunkte abgezogen, dann die Lebenspunkte.

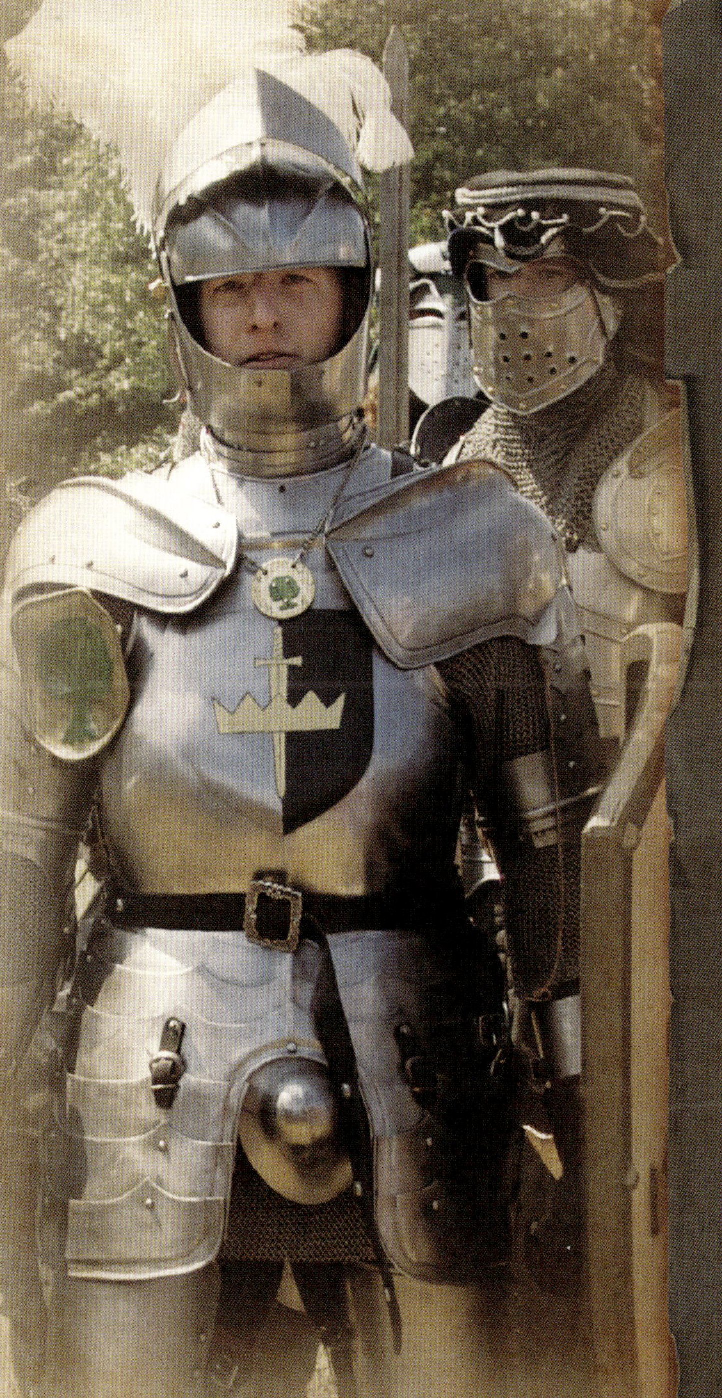

Wie viele Rüstungspunkte habe ich?

Bei den Regelwerken gibt es hierzu mehr oder weniger klare Regeln. Für DKWDDK sollen die folgenden Bilder ein paar Anhaltspunkte geben, wie viele Treffer ein Charakter ohne Bedenken mindestens aushalten könnte, bevor er verletzt wird.

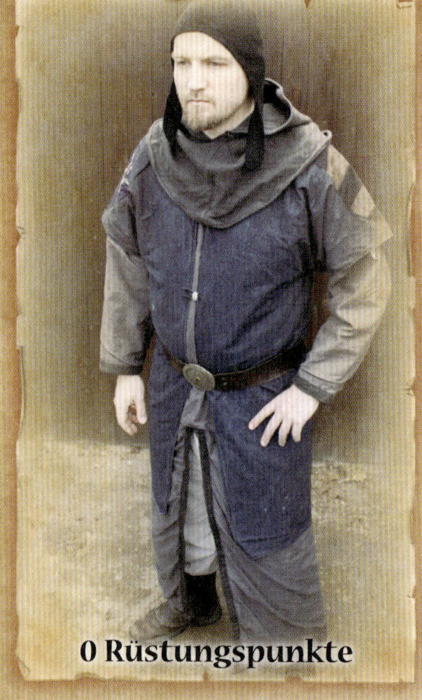

0 Rüstungspunkte

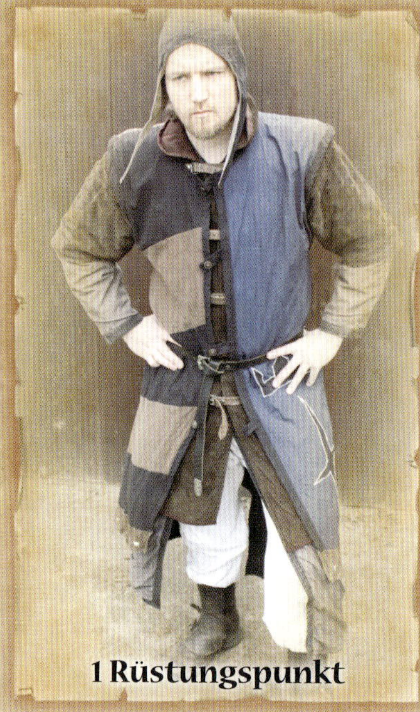

1 Rüstungspunkt

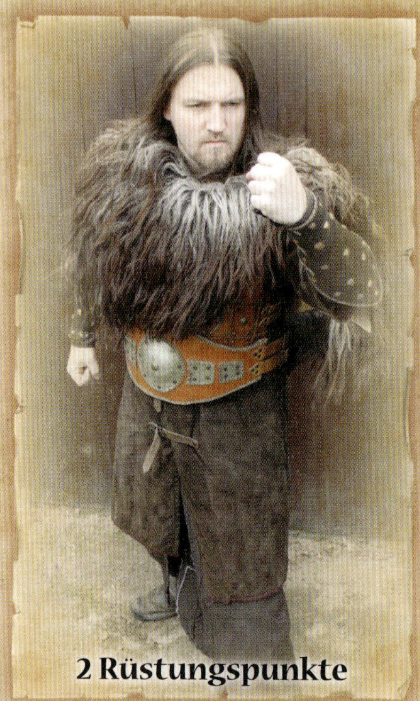

2 Rüstungspunkte

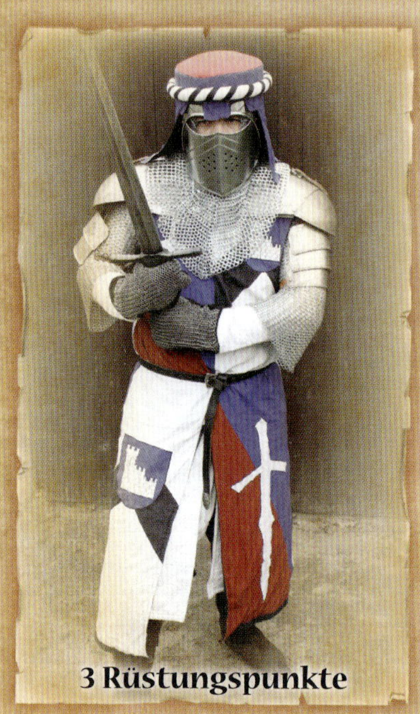

3 Rüstungspunkte

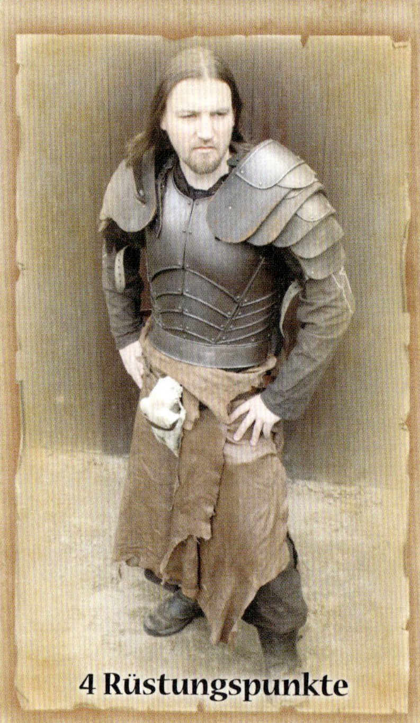

4 Rüstungspunkte

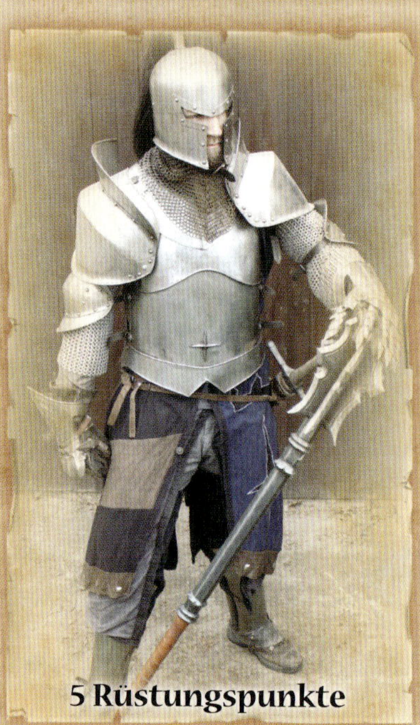

5 Rüstungspunkte

Gibt es Unterschiede zwischen verschiedenen Polsterwaffen?

Aber sicher! Lange Waffen bieten Reichweitenvorteile, gebogene Klingen und Kettenwaffen (wie z. B. Sense oder Morgenstern) ermöglichen einen Schlag „um die Ecke", also hinter den schützenden Schild. Ein Streithammer und ein Schwert, die in der Realität völlig verschiedene Wirkung zeigen würden, nehmen sich in Bezug auf ihre Schadenswirkung nichts, jedoch sollte das Schauspiel des Getroffenen abweichen. Der Einfachheit halber gibt es häufig eine Richtlinie, die besagt:

Zweihändig geführte Waffen machen doppelten Schaden.

Da jeder die Regeln kennt, wird auch kein Schadenscode angesagt, sondern einfach gespielt: „Friss den kalten Stahl, Schurke. Nimm dies!" – „Uaaarrrrrgh!" Ein Zweikampf oder eine Schlacht bieten sowohl etwas für die Augen als auch für die Ohren!

Wissensfertigkeiten und Handwerk

Fertigkeiten werden unterschieden in handwerkliche Talente und spezielles Wissen. Zum Handwerk zählen zum Beispiel Waffen und Rüstungen schmieden, Wunden heilen, Schlösser öffnen und Tränke brauen. Diese Talente erfordern zusätzliches Werkzeug, um angewendet werden zu können, und schönes Spiel, um von anderen Spielern und der SL anerkannt zu werden.

Jiska steht vor einer verschlossenen Tür, tief im Verlies einer verlassenen Ruine. Sie fingert aus ihrer Gürteltasche ein paar Dietriche, Feilen und Hämmerchen hervor und stochert behutsam im Schloss herum. Sacht dreht sie die Dietriche, feilt ein paar Ecken heraus und versucht es erneut. Als die Spielleitung ihr zunickt, öffnet sie die Tür (die in der Realität natürlich nicht wirklich verschlossen war).

Andere Fähigkeiten wie Orientierungssinn, Lesen, Spuren identifizieren oder Kräuter sammeln benötigen nicht zwingend Werkzeuge – sie fallen eher unter die Wissensfertigkeiten. Sofern eine Spielleitung greifbar ist, wendet man sich möglichst unauffällig an diese und fragt um Rat, zum Beispiel so:

Jiska (an die SL gewandt): „Ich habe in der Bibliothek in einer Schriftrolle von der Zauberkraft der Alraune gelesen. Ich möchte nach dieser Pflanze suchen gehen!"

SL: „In Ordnung, die Alraune stellen wir durch Ingwerknollen dar. Wenn du eine findest, kannst du sie mitnehmen und verwenden."

Auch wenn man für eine dichte Atmosphäre am liebsten ohne Interaktion mit der Spielleitung auskäme – für bestimmte Fertigkeiten braucht man einfach klare Regeln. Wie werden zum Beispiel Spuren dargestellt? Muss man „echte" Spuren finden? Oder folgt man dünnen Bindfäden? Liegen winzige Papierzettelchen herum? Darüber wird Euch die Spielleitung vor dem Spiel aufklären.

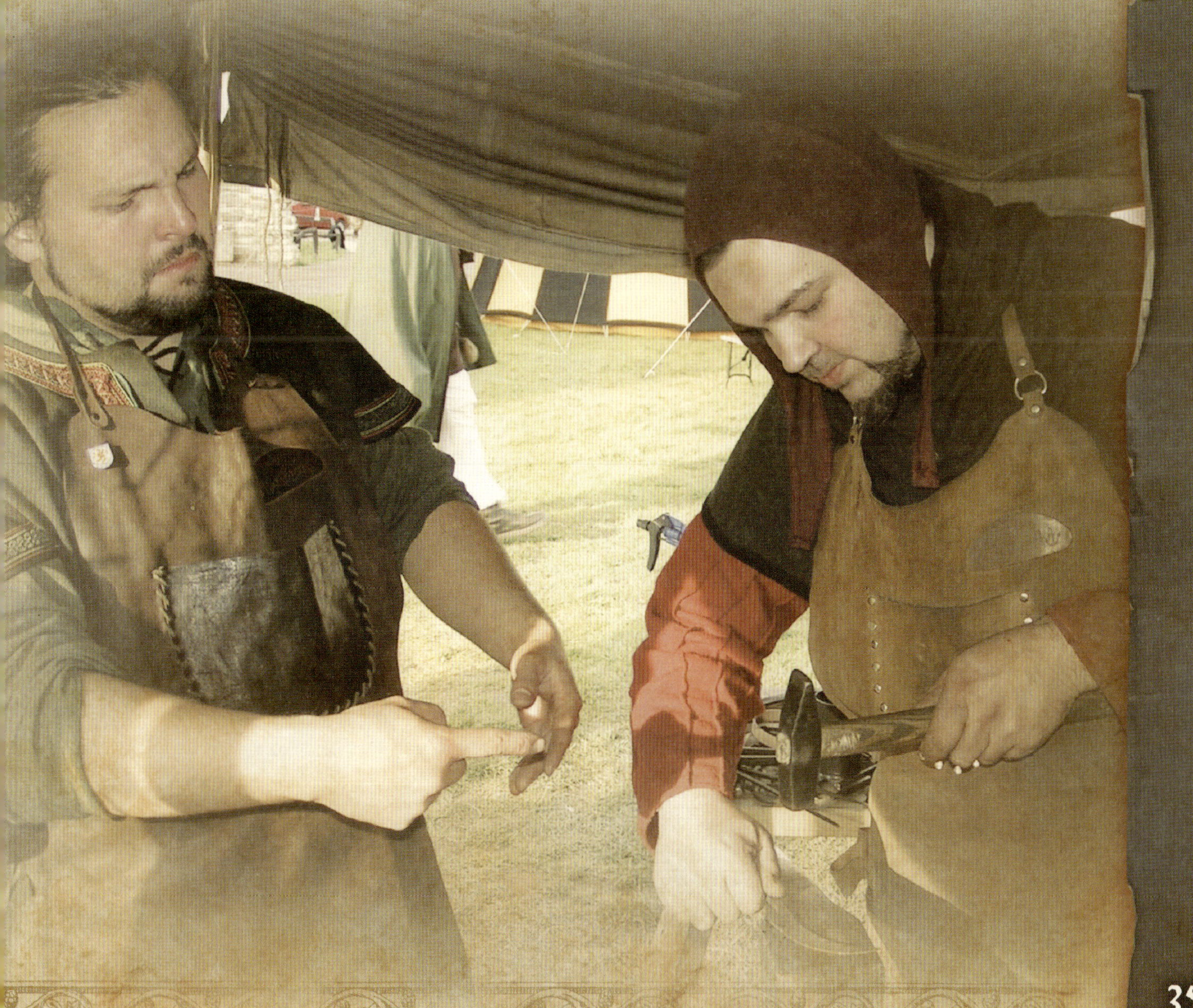

Heilung von Verletzungen

Im LARP kommt es regelmäßig zu (simulierten) Kampfhandlungen und (ausgespielten) Verletzungen. Da jeder Treffer, der über die Anzahl der Rüstungspunkte hinaus geht, eine Verletzung bewirkt, haben die Heilkundigen nach einem Kampf oft alle Hände voll zu tun. Doch während die Heiler ihr ganzes spielerisches Können aufbieten, um die Versorgung von Wunden realistisch darzustellen, ist man z. B. als Söldner oft eher geneigt, die Treffer als hässlichen Kratzer abzutun. Denn simulierte Verletzungen und Krankheiten sorgen dafür, dass der Charakter von vielen schönen Momenten des Spiels ausgeschlossen ist.

Um dieses Dilemma zu entschärfen, heilen Wunden im LARP erheblich schneller als im wahren Leben. So kann man zum Beispiel nach einer Stunde absoluter Ruhe eine fachmännisch versorgte Wunde ignorieren – alles wird wieder gut. Mit dieser Befristung haben das Ausspielen von Verletzungen und auch Heilverfahren einen weit höheren Reiz.

Tod des Charakters

Der Tod eines Charakters ist eine nicht zu unterschätzende, ernste Angelegenheit. Wer Zeit, Geld und Mühe in „seinen" Charakter investiert hat, der sollte sich stets bewusst sein über die Vergänglichkeit eines Helden, der dem rauen Abenteurerleben frönt.

Einmal nicht aufgepasst, schon ist man wahlweise von Orks umzingelt, vom Schwarzmagier verflucht oder hat sich von der Hexe einen giftigen Trank einflößen lassen. Das Charakterleben kann schneller enden, als man es erwartet. Und genauso vorsichtig wie mit dem „eigenen" sollte man mit dem Leben der anderen Spieler umgehen. Denn eines sollte man immer berücksichtigen: Auch im LARP gilt „tot ist tot". Wer einen gestorbenen Charakter einfach weiterspielt, muss damit rechnen, für ein untotes Geschöpf gehalten oder – noch schlimmer – vollständig ignoriert zu werden.

Wenn es Dich doch einmal erwischt hat, so gibt es im Idealfall eine pompöse Beerdigungsszene. Gern im Dämmerlicht mit vielen Fackeln, Freunden, Tränen und Racheschwüren.

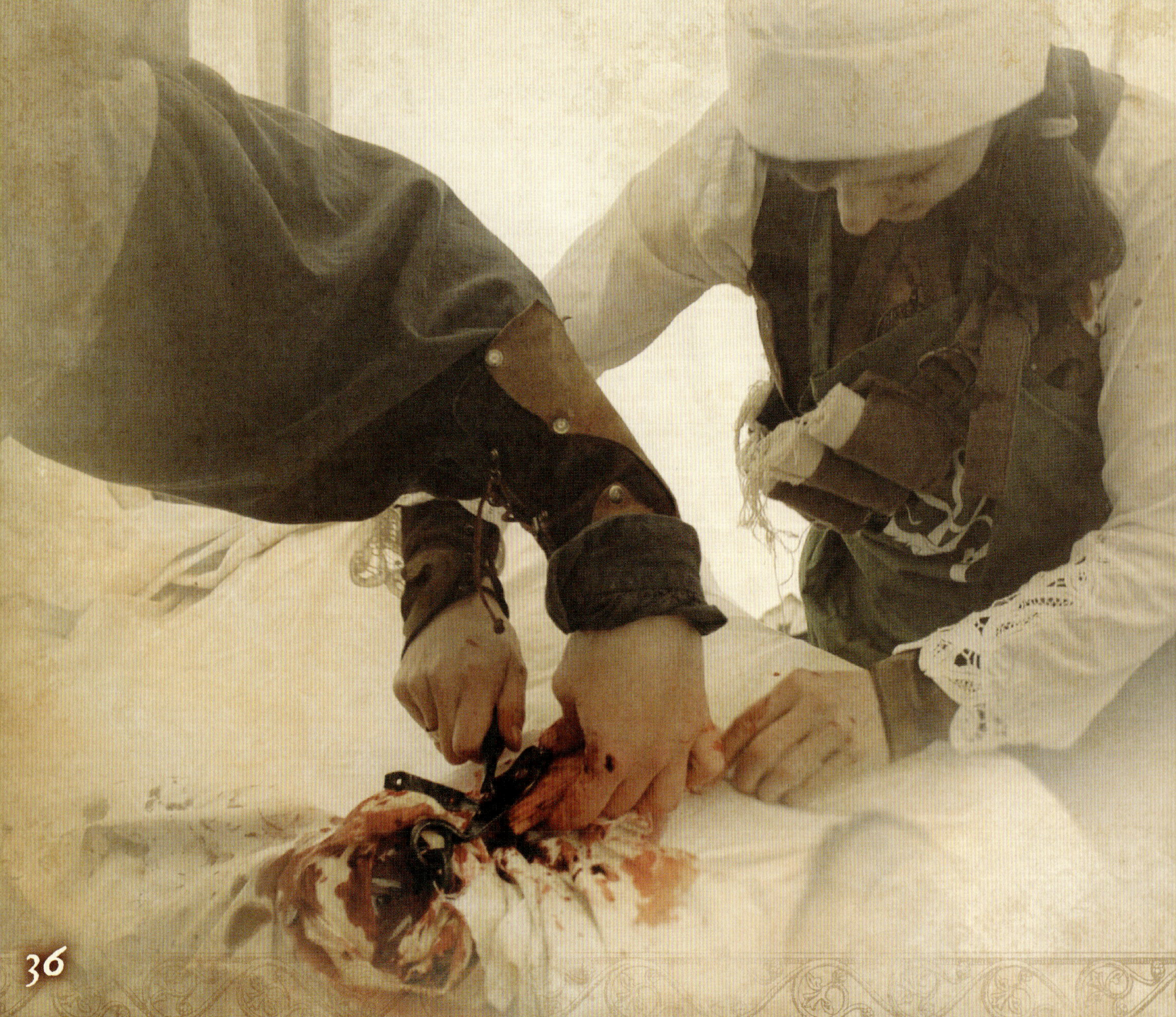

Magie & Zauberkunst

Die herausforderndste Rolle im Live-Rollenspiel ist wohl die des Zauberkundigen. Dass es keine echte Zauberei gibt, ist uns ja allen bekannt – aber wie soll man sie simulieren?

Um den Mitspielern ein möglichst gutes Rollenspiel zu bieten, empfiehlt es sich, das Zaubern als eine Art kleine Show zu verstehen: Große Gesten, eine ansprechende Formulierung des Zauberspruchs, passende Rhetorik und (wenn es eine ganz besondere Magie sein soll) noch ein Überraschungseffekt – fertig ist die Zaubershow.

Da die meisten LARP-Spieler nicht in der Lage sind, die Taschenspielertricks eines Varieté-Zauberers zu meistern, werden häufig Codewörter verwendet. Nach dem Murmeln einer mystisch klingenden Formel (gern ausgeschmückt durch ausladende Gesten und reichliches Abbrennen von Pyrotechnik) ruft man die Wirkung der Zauberei laut aus.

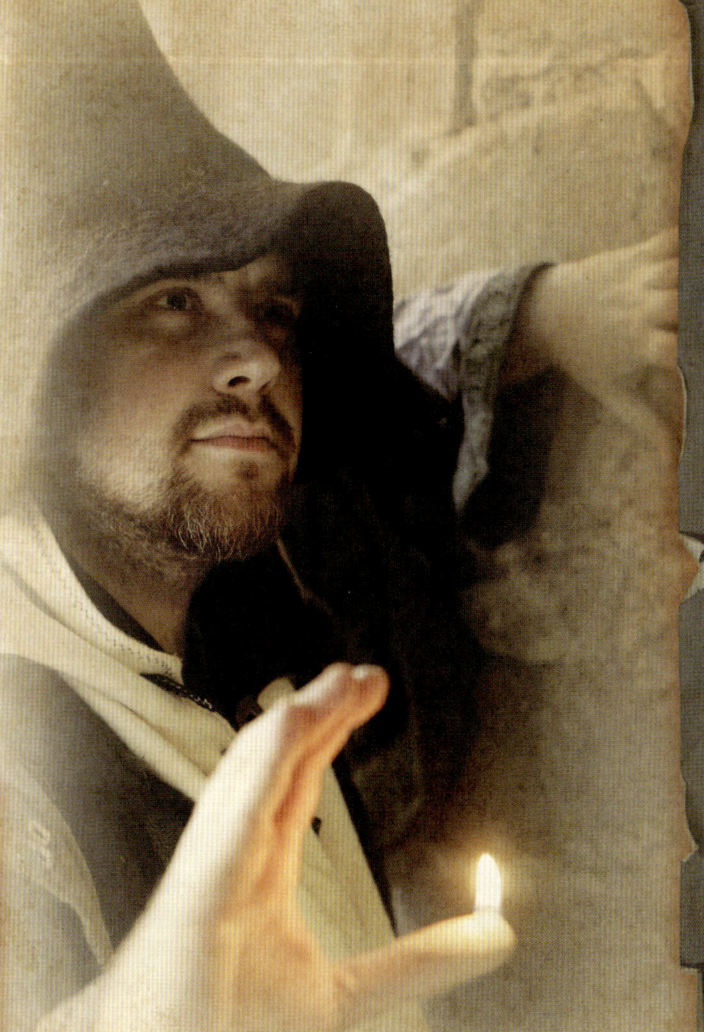

Die folgende Liste enthält einige der häufigsten Codewörter zum Darstellen von Magie:

Angst Das Opfer gerät in Panik und läuft schreiend weg.

Blitzstrahl Die Person, auf die der Blitz gerichtet ist, erleidet Schaden.

Erdstoß Alle in Hörweite fallen zu Boden.

Feuerball Der Getroffene erleidet Schaden durch Feuer.

Metall erhitzen Ein Gegenstand wird heiß und muss fallen gelassen werden.

Schlaf Die Betroffenen schlafen auf der Stelle ein.

Versteinerung Der Charakter verharrt augenblicklich und wird zu Stein.

Verwurzelung Wurzelwerk hält den Bezauberten fest.

Windstoß Ein Sturm wirft alle in Reichweite drei Schritte zurück.

Zerbrechen Der Zauber lässt einen Gegenstand unbrauchbar werden.

Am besten darstellbar sind solche Zauber, bei denen man sich möglichst wenig vorstellen muss. Magie, die den Geist beeinflusst – beispielsweise eine gespielte Hypnose –, lässt sich sehr gut darstellen. Ein Monster, welches „Angst" und „Panik" verbreitet, ist ebenfalls sehr gut darstellbar. Der feurige Atem eines Drachen hingegen ist ziemlich schwer darzustellen – vor allem ohne jemanden ernsthaft zu verletzen. Für eine schöne Darstellung sollte man sich daher gut überlegen, ob man zu Gunsten einer überzeugenden Darstellbarkeit vielleicht auf einen anderen Zauber ausweicht.

Jiska beobachtet einen Zauberer, der einen knorrigen Stab schwingt und leise murmelt: „Dunkel und finster ist diese Nacht, als Zeichen der Hoffnung sei ein Licht mir gebracht!" Das leise Klicken einer verborgenen Taschenlampe bringt eine Glaskugel am Stab des Magisters zum Strahlen.

Es gibt viele Wege, Magier zu spielen und ihre mystischen Kräfte darzustellen: Runensteine oder Tarot-Karten, aufwändige Rituale, Sprechgesänge, Tränke und alchimistische Mixturen – fast alles ist denkbar und bietet in der Regel Raum für dichtes Spiel und tolle Erlebnisse.

Kämpfe

Der Kampf im LARP ist für viele ein äußerst reizvoller und spannender Aspekt des Live-Rollenspiels. Ein LARP-Kampf kombiniert auf einzigartige Weise Schauspiel, Sport, Strategie, Taktik und vor allem: Adrenalin!

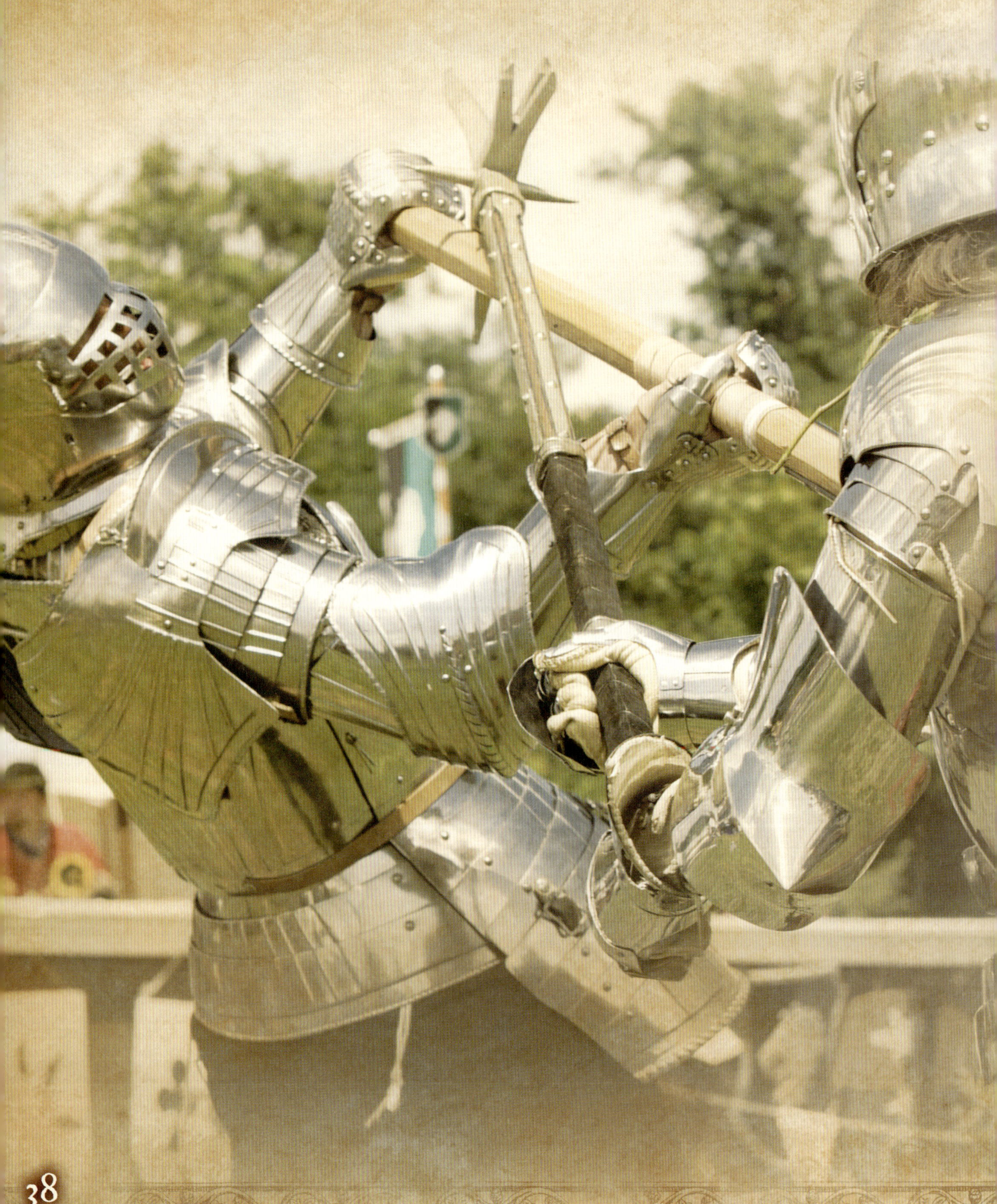

Vor allem Sicherheit

Die wichtigste Regel im Kampf lautet:

Niemand darf real verletzt werden.

Deshalb kann, darf und muss eine Kampfsituation unterbrochen werden, sobald eine gefährliche Situation entsteht. Dazu ruft man laut das Codewort „STOPP!". Jeder, der dieses Wort hört, hält sofort inne und wartet auf weitere Anweisungen der Spielleitung, die irgendwann das Signal „Weiter!" gibt.

Solltest Du feststellen, dass nicht jeder den „STOPP!"-Ruf mitbekommen hat, rufe selbst noch einmal laut: „STOPP!"

Gefährliche Situationen lassen sich am besten von vorneherein vermeiden, indem man die folgenden Punkte beachtet:

1. Kämpfe niemals direkt an Abhängen, an Treppen oder auf Mauern! Trage niemals Waffen, die jemanden verletzen könnten – auch nicht zur Zierde!

2. Die Anwendung von Kampfsportarten (z. B. Thai-Boxen, Taekwondo und Karate) ist tabu.

3. Kämpfe nur dort, wo Du gut sehen und Dich sicher bewegen kannst!

4. Wenn Du unsicher bist – beende sofort den Kampf. Sicherheit geht vor!

Sollte sich jemand tatsächlich verletzt haben, so wird das Codewort „SANI" oder „SANITÄTER" gerufen. Damit ist das Spiel unmissverständlich unterbrochen, und es wird erste Hilfe geleistet.

Natürlich kann es auch vorkommen, dass man sich gespielt verletzt. Um keine Missverständnisse aufkommen zu lassen, ruft man in diesem Fall nach einem „HEILER".

Waffen im LARP-Kampf

Im Live-Rollenspiel kämpft man mit sogenannten Polsterwaffen. Diese besitzen einen Kern (typischerweise aus splitterfreier Glasfaser), eine Hülle aus gut polsterndem Schaumstoff sowie einen schützenden Überzug aus farbigem Latex. Sofern die Polsterwaffe unbeschädigt ist, stellt sie ein vergleichsweise sicheres Spielutensil dar.

Nach jedem Kampf ist zu prüfen, ob die eigene LARP-Waffe beschädigt ist. Defekte Waffen sind sofort aus dem Spiel zu entfernen.

Polsterwaffen gibt es in nahezu allen Formen und Farben, wobei sich unterschiedliche Bauformen durchgesetzt haben, die sich grob an historischen Vorbildern orientieren. Die am weitesten verbreitete LARP-Polsterwaffe ist das Schwert. Man kämpft entweder einhändig mit oder ohne Schild oder mit zwei Waffen. Seltener findet man zweihändige Polsterwaffen wie zum Beispiel den Kampfstab.

Polsterwaffen kann man nicht nur im Fachhandel erwerben, sondern auch im Internet ersteigern oder sich bei erfahrenen Live-Rollenspielern oder Vereinen ausleihen.

Ein Kampf im Live-Rollenspiel funktioniert relativ einfach: Angreifer und Verteidiger stehen einander gegenüber. Es gibt kein Startsignal, sondern es geht einfach los, wenn der erste Schlag gesetzt wird. Angreifer und Verteidiger versuchen einander mit ihren Polsterwaffen zu treffen und die Attacken des Gegners zu parieren.

Treffen beide Waffen aufeinander, oder kann man die Attacke des Gegenübers mit dem Schild parieren, ist nichts geschehen. Trifft die Polsterwaffe jedoch den Körper des Gegners, so spricht man von einem Treffer.

Treffer an Kopf, Fingern und Genitalbereich sind zu vermeiden. Das Tragen von Helm und Handschuhen ist zur Sicherheit absolut empfehlenswert.

Trägt man eine Rüstung, so wird diese bei einem Treffer beschädigt. Ist die Rüstung so stark beschädigt, dass sie nicht mehr schützt, geht es ans Eingemachte: Jeder weitere Treffer reduziert die Lebenskraft, die ebenfalls durch Punkte dargestellt wird. Sinkt diese auf Null oder darunter, so wird man ohnmächtig. Wird man nicht innerhalb einer vorgegebenen Frist geheilt, so stirbt der Charakter. Nach dem Kampf müssen die Wunden fachmännisch versorgt und die Rüstung von einem Schmied repariert werden.

Alana Donnerschlag stiert müde über den Rand ihres Trinkhorns. Plötzlich schreckt sie auf – hat sich da nicht etwas bewegt? „Alaaaarm!", ruft sie aus voller Kehle. „Orks im Lager!" Dann stürmt sie auf die Gestalt in den Schatten los. „Nimm dies, Scheusal!", ihre linkshändig geführte Axt trifft den Ork in die Seite. „Aiiiieeee!", brüllt dieser und langt seinerseits mit dem Krummschwert zu. Treffer. „Huargh!", Alana taumelt, flucht und fängt sich wieder, dann hackt sie erneut auf den Ork ein. „Friss den kalten Stahl!" – Einmal, zweimal, dreimal erwischt sie ihr Gegenüber. Mit einem Stöhnen fällt er zu Boden. Alana widmet sich ihrem nächsten Feind. Der gefallene Ork – Sicherheit geht vor – steht vorsichtig auf, kreuzt seine Arme und verschwindet vorerst aus Sicht der Spieler.

Umgang mit Waffen erlernen

Man muss kein Experte im Umgang mit Polsterwaffen sein, bevor man auf das erste LARP fährt. Allerdings ist es für einen Anfänger ratsam, als Anfänger zu starten. Wer als „Kunibert, der Ungeschlagene" auftritt, um im ersten Duell zu unterliegen, der hat entweder Humor oder zu wenig Glaubwürdigkeit. Es gibt durchaus Live-Rollenspieler, die seit mehr als 15 Jahren dieses Hobby betreiben. Sie haben die Erfahrung hunderter, vielleicht sogar tausender LARP-Kämpfe. Warum also nicht von denen lernen?

Wer nicht das Con nutzen möchte, um den Umgang mit einer Polsterwaffe zu erlernen, sollte Anschluss an eine größere Spielervereinigung suchen. Größere Gruppen treffen sich entweder regelmäßig oder zumindest sporadisch, um nicht einzurosten, Duelle auszufechten oder sich gegenseitig die neuesten Kniffe beizubringen.

Grundlagen des LARP-Kampfes

Zunächst sollte man sich bewusst machen, dass es im Live-Rollenspiel zu 80 Prozent um die Darstellung geht und erst in zweiter Linie um die sportliche Herausforderung des Kampfes. LARP-Kampf ist daher eher mit Schaukampf zu vergleichen, wie man ihn im Theaterfechten, im Film oder auf Mittelaltermärkten antrifft.

Während dort jedoch die Aktionen der einzelnen Kämpfer vorher im Groben abgesprochen sind und meist eine einstudierte Choreographie zum Zuge kommt, ist dies im LARP aufgrund der Improvisation nicht möglich. Während die schauspielerischen Anteile wie Körpersprache, wörtliche Rede und Dramaturgie bei einem guten LARP dem Schaukampf nicht nachstehen sollten, ist das Ergebnis eines Kampfes nicht vorherbestimmt.

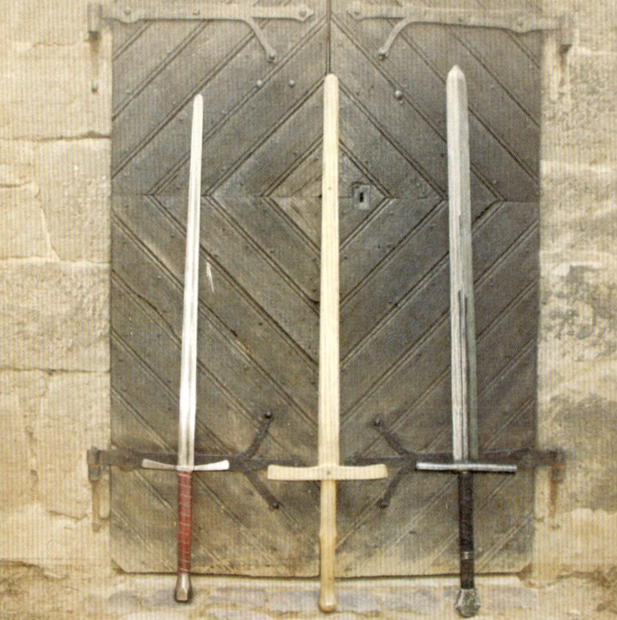

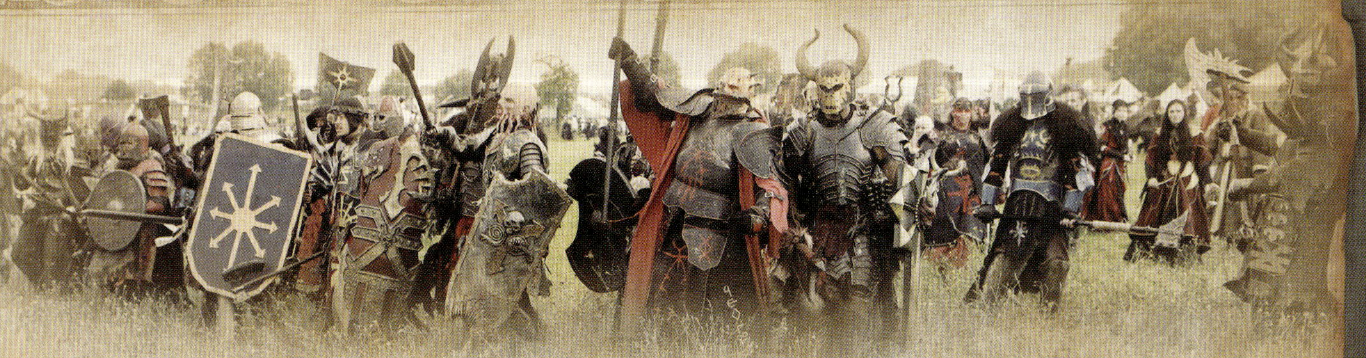

LARP-Kampf wird also durch drei Aspekte bestimmt, die gleichzeitig umgesetzt werden müssen, um ein sicheres und darstellerisch schönes Spiel zu ermöglichen:

1. **Sicherheit**
2. **Schauspiel**
3. **Technik**

Neben den bereits genannten, allgemeinen Sicherheitshinweisen, gelten spezielle Kampfregeln, um ein möglichst sicheres Spiel zu garantieren. So sind Schläge auf Kopf und Hals sowie den Unterleib verboten, und Hiebe auf empfindliche Körperstellen (z.B. Ellenbogen, Hände oder Handgelenke) sind nach Möglichkeit ebenfalls zu vermeiden. Stiche sind generell nicht erlaubt.

Das Tragen von Helm und Handschuhen hilft, unbeabsichtigten aber nicht minder schmerzhaften Treffern auf Kopf und Hände vorzubeugen.

Jeder Kämpfer muss seine Schläge zu allen Zeitpunkten kontrollieren können. Wenn man nur so fest zuschlägt, dass man den Schlag kurz vor dem Körper eines Gegners bremsen kann, wird eine korrekt funktionsfähige LARP-Waffe dem Gegner keine empfindlichen Schmerzen bereiten.

In manchen Szenen ist es aufgrund des Adrenalins im Blut schwierig, Geschwindigkeit und Wucht korrekt zu dosieren. Hier hilft es, sich mit allen Sinnen auf das Kampfgeschehen zu konzentrieren:

Treffen zwei Waffen mit hörbarem „Klack" aufeinander, so ist der Schlag zu hart.

In so einem Fall wurde die Polsterung so stark komprimiert, dass die Kernstäbe kollidierten. Trifft ein solcher Hieb auf einen ungerüsteten Körper, dann ist mindestens ein großer blauer Fleck die Folge.

Dramatische Darstellung

Beim Schauspiel innerhalb des Kampfes ist es insbesondere wichtig, Treffer auszuspielen, das heißt: die Reaktion auf einen Schwerthieb authentisch umzusetzen. Das ist nicht immer einfach, schließlich muss man sich auf den Gegner konzentrieren, das Thema Sicherheit im Hinterkopf haben und gleichzeitig schauspielern. Aber keine Sorge: Übung macht den Meister!

Treffer sollen mit schönem Schauspiel quittiert werden.

Die sichtbare Reaktion eines Gegners auf einen Treffer ist für ein gutes Spiel sehr wichtig. Immerhin ist das Ausspielen des Treffers auch eine Art Quittung für den Erfolg („Aha, jetzt habe ich getroffen!"). Es ist nicht falsch, diese Reaktion ruhig überdeutlich auszuspielen, wobei es durchaus unterschiedliche Nuancen in den Reaktionen geben darf. Solange nur die Rüstung angekratzt wird, kann ein Treffer z. B. durch lautes Fluchen, Beschimpfungen oder andere verbalen Kommentare begleitet werden.

Prallt ein Treffer nicht mehr an der Rüstung ab, dann sollte die Reaktion dramatischer ausfallen. Außer dem obligatorischen Schmerzensschrei sollte eine Verletzung des betroffenen Arms oder Beins entsprechend ausgespielt werden. Dabei reicht die Bandbreite der Reaktionen vom Ausspielen des Abpressens der vermeintlichen Wunde über langsames Hinken oder die totale Unfähigkeit, das betroffene Glied weiter zu bewegen, bis hin zur gespielten Bewusstlosigkeit.

Gib Deinen Gegnern Zeit, ihre Treffer auszuspielen.

Wenn zu erkennen ist, dass der Gegner gerade den sterbenden Schwan inszeniert, ist es wenig stimmungsvoll, ihn zu diesem Zeitpunkt mit einem Wirbel von Schwerthieben in den LARP-Himmel zu befördern. Insbesondere in Duellsituationen sollte man sich als Gegenspieler etwas zurückhalten und dem Getroffen Zeit und Gelegenheit einräumen, Verwundungen auszuspielen.

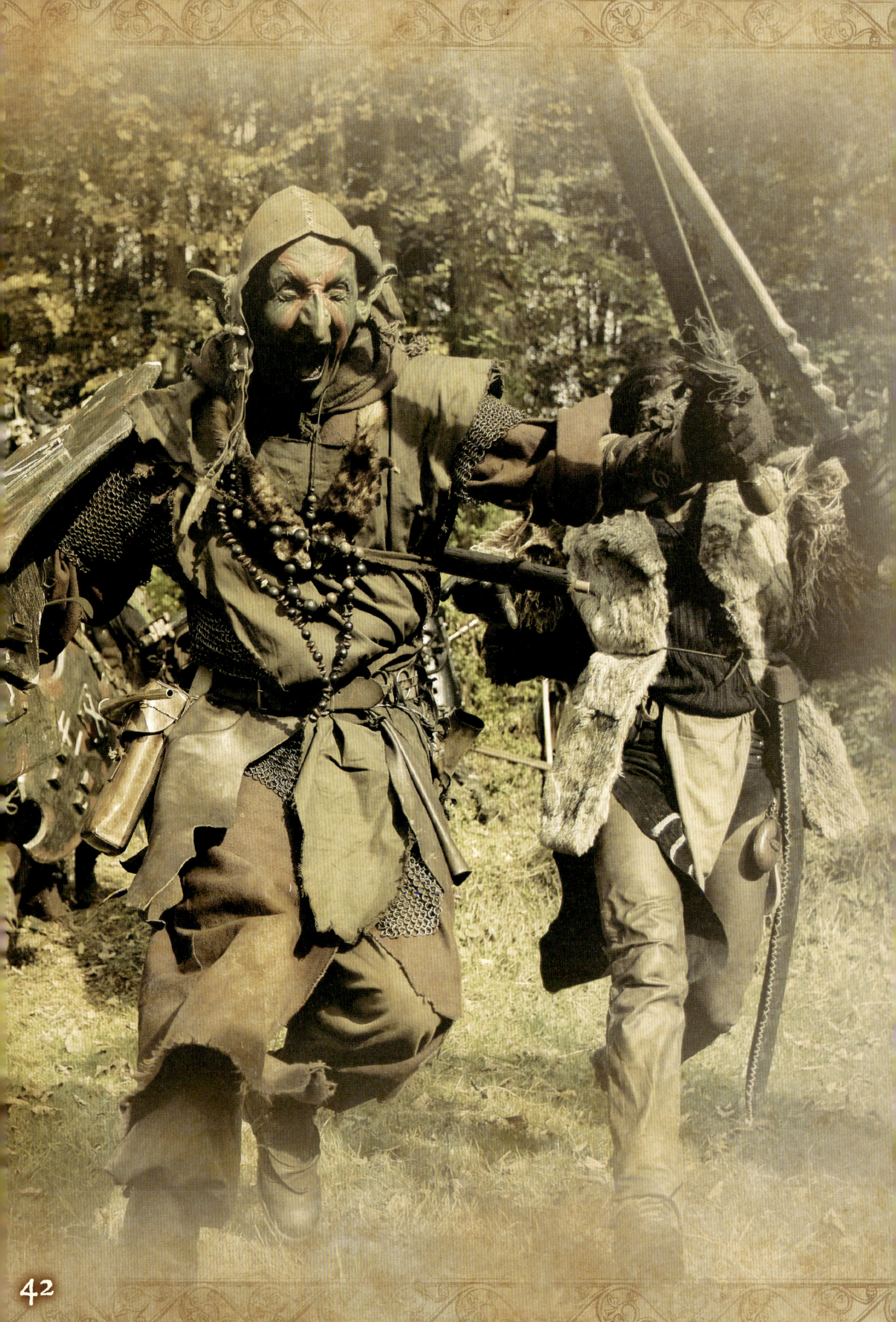

Vorfreude
Dein erstes LARP

Steht der Entschluss erst einmal fest, Live-Rollenspiel auszuprobieren, sollten einige Dinge beachtet werden, damit es ein rundum gelungenes Erlebnis und kein Reinfall wird. Am besten macht man sich im Vorfeld über den Veranstalter des auserkorenen LARPs schlau. Die verschiedenen LARP-Foren (siehe Anhang) bieten hierfür eine nützliche Anlaufstelle.

Für das erste LARP empfiehlt sich ein Ort, den man selbst noch nicht (gut) kennt, eine Jugendherberge auf einer Burg ist eine gute Wahl. Die Rolle, die man verkörpert, sollte beim ersten Mal nicht zu provokant ausfallen. Es ist kein Makel, zunächst eine graue Maus zu sein, damit man beobachten kann, was es bedeutet, ein schillernder Paradiesvogel zu sein oder zu werden. Zudem ist es sehr hilfreich, nicht allein zu fahren, sondern entweder mit Freunden anzureisen oder Anschluss an eine Gruppe zu suchen – die Orga des Cons hilft dabei oftmals gern.

Ein LARP für Anfänger

Es gibt verschiedene Orgas, die sich auf ihre Fahnen geschrieben haben, LARP-Neulingen einen schönen Einstieg ins Live-Rollenspiel zu bieten. Solchen Veranstaltungen geht häufig eine Art ‚Workshop' voraus. Das heißt: Wer will, kann eine bestimmte Zeit früher anreisen, und es gibt Kampftraining, vielleicht einen Bastelworkshop und generell Erklärungen aus erster Hand. Solche LARPs sind gewiss eine schöne Sache, am besten ist es jedoch, wenn es dem Veranstalter gelingt, eine gute Mischung aus erfahrenen LARPern und Neulingen für ihre Veranstaltung zu begeistern. So können die alten Hasen den Neulingen hier und da unter die Arme greifen, und die Spielleitung kann sich noch mehr auf einen reibungslosen Spielfluss konzentrieren ...

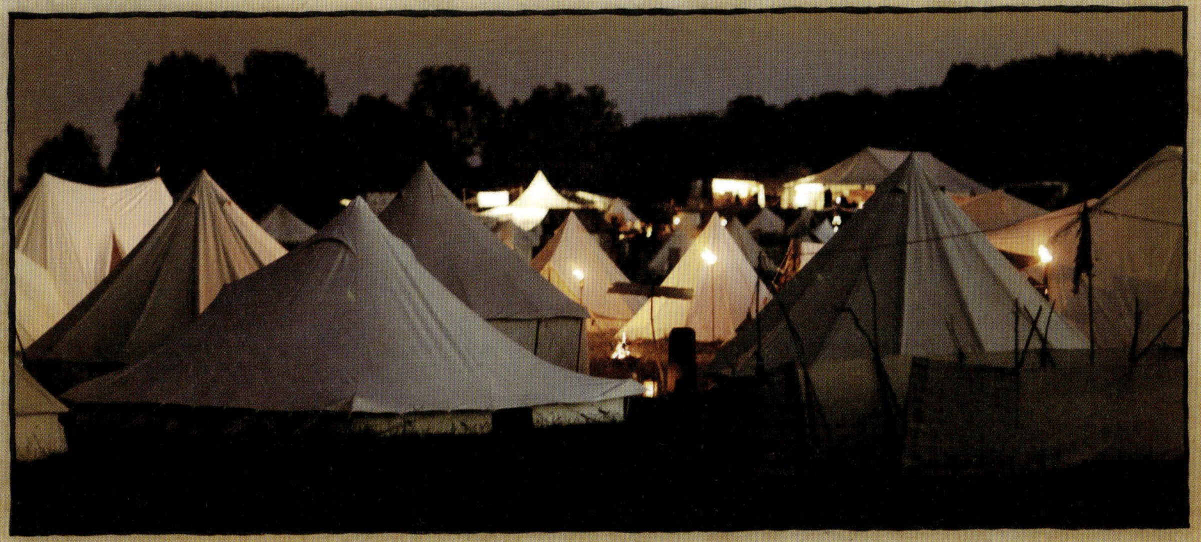

Unterbringung – my tent is my castle

Im Großen und Ganzen gibt es zwei Arten von Unterbringungen auf einem LARP: das (eigene) Zelt oder eine Burg bzw. Jugendherberge oder ein ähnliches zu mietendes, überdachtes, stimmungsvolles Domizil.

Wenn ein LARP in einem Haus stattfindet, ist klar: Hier bekommt man auch ein Bett, es sei denn, die Orga kündigt etwas anderes an. In den meisten Fällen muss man Bettwäsche mitbringen, aber man kann recht schnell und problemlos „einziehen", und schon kann das Spiel losgehen. Das ist bei Zelt-Cons anders.

In seltenen Fällen werden Zelte von der Orga gestellt, meistens muss ein eigenes, sogenanntes Ambientezelt mitgebracht werden. Darunter versteht man in LARP-Kreisen z. B. ein Alex-Zelt oder eine Jurte. Noch schöner – aber leider meist auch teurer – sind natürlich Mittelalterzelte nach mehr oder weniger historischem Vorbild.

Camping-Iglus passen nicht zum Ambiente und sind daher meist verpönt!

Natürlich verlangt niemand, dass man zum ersten LARP mit einem eigenen Zelt anreist. Wer kein Zelt hat und auch keinen anderen Spieler kennt, bei dem man unterkommen könnte, kontaktiert die Spielleitung. Wahrscheinlich wird sie dann einen Schlafplatz in einem Zelt eines anderen Spielers vermitteln, was für Neulinge ja gar nicht schlecht ist, da man gleich Kontakt zu diesen Spielern sozusagen „auf der häuslichen Ebene" bekommt. Vielleicht gibt es aber auch genug Zelte im Fundus der Orga, um doch eins zu stellen.

Viele Pfadfinderverbände und die Ortsvereine der Freiwilligen Feuerwehr verleihen Zelte aus ihrem Besitz zu fairen Konditionen. Borgt Ihr Euch das Zelt vor Ort, spart Ihr Euch womöglich den sperrigen Transport. Adressen findet man in jedem Telefonbuch oder unter www.pfadfinder.de.

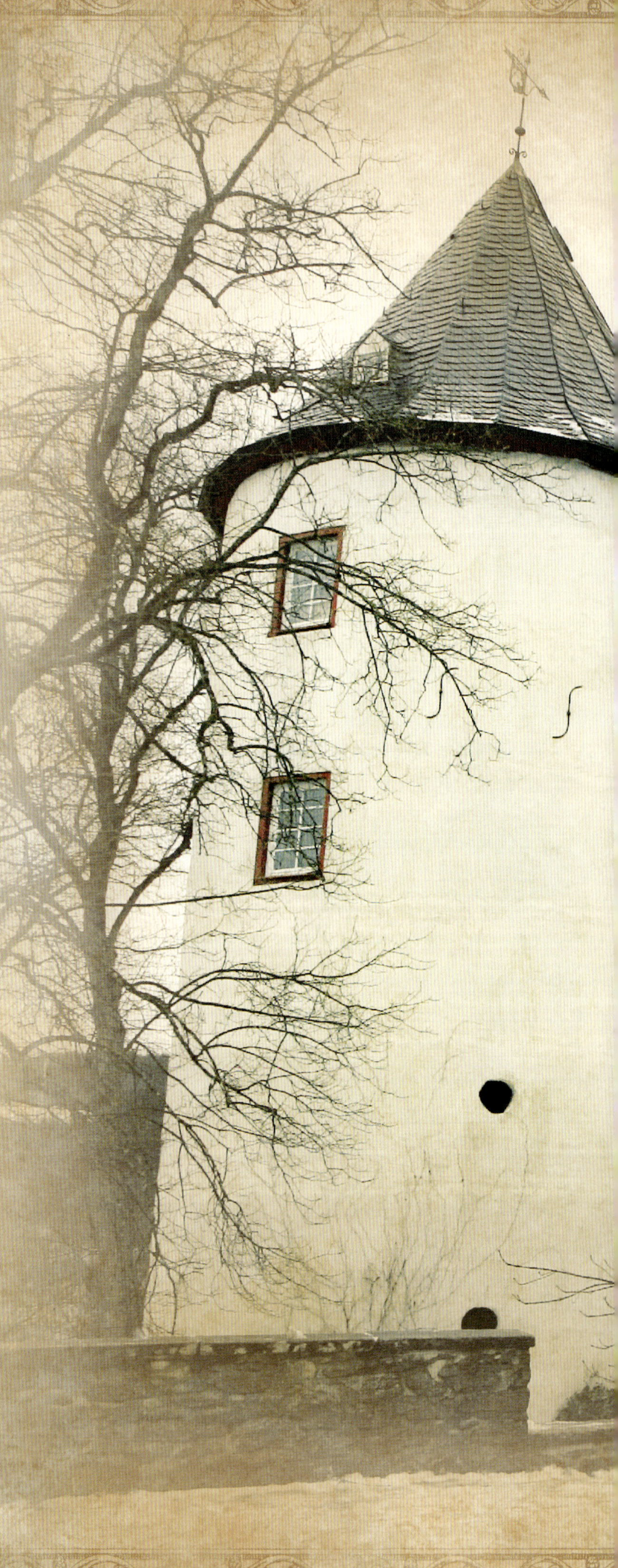

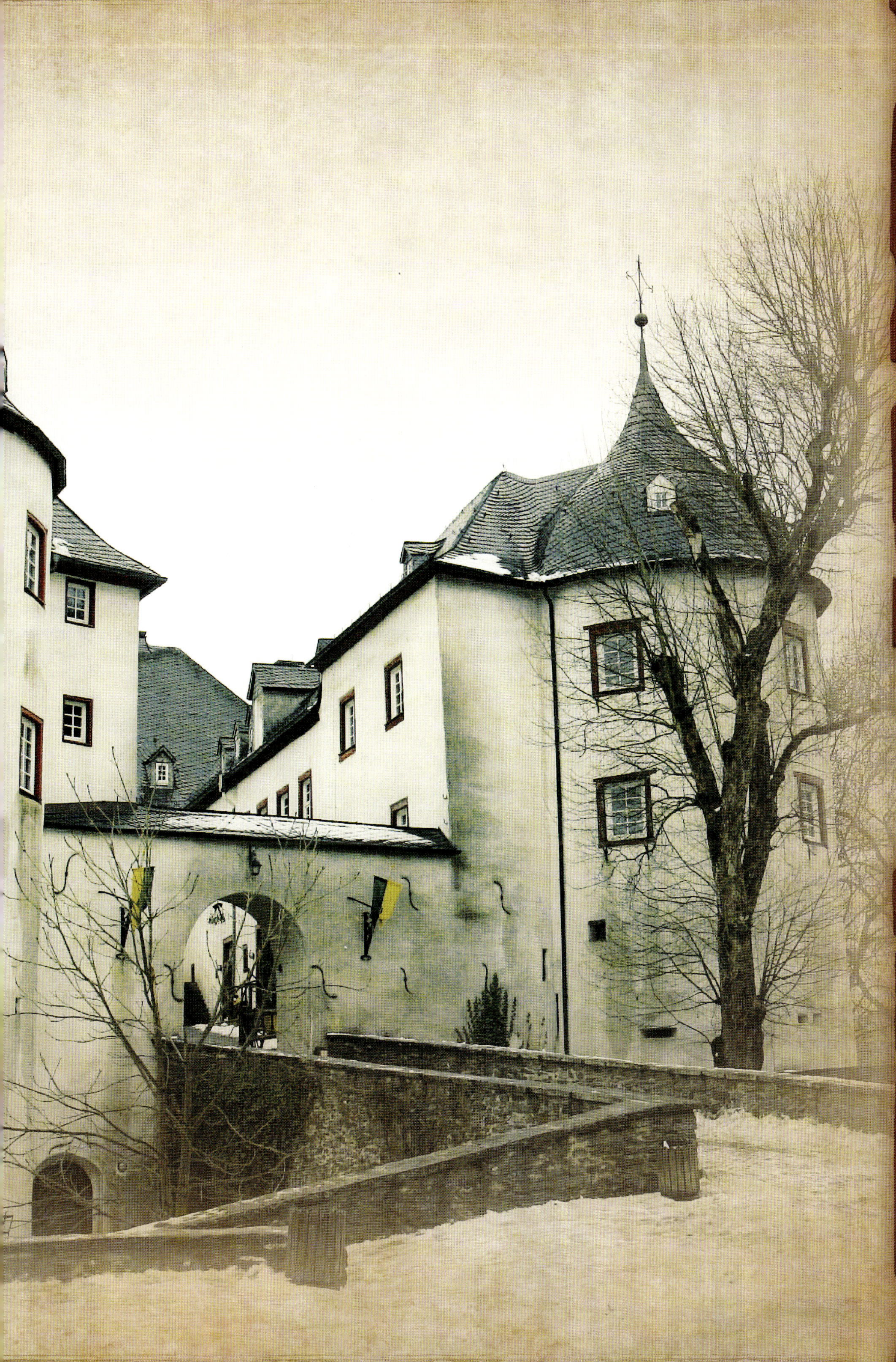

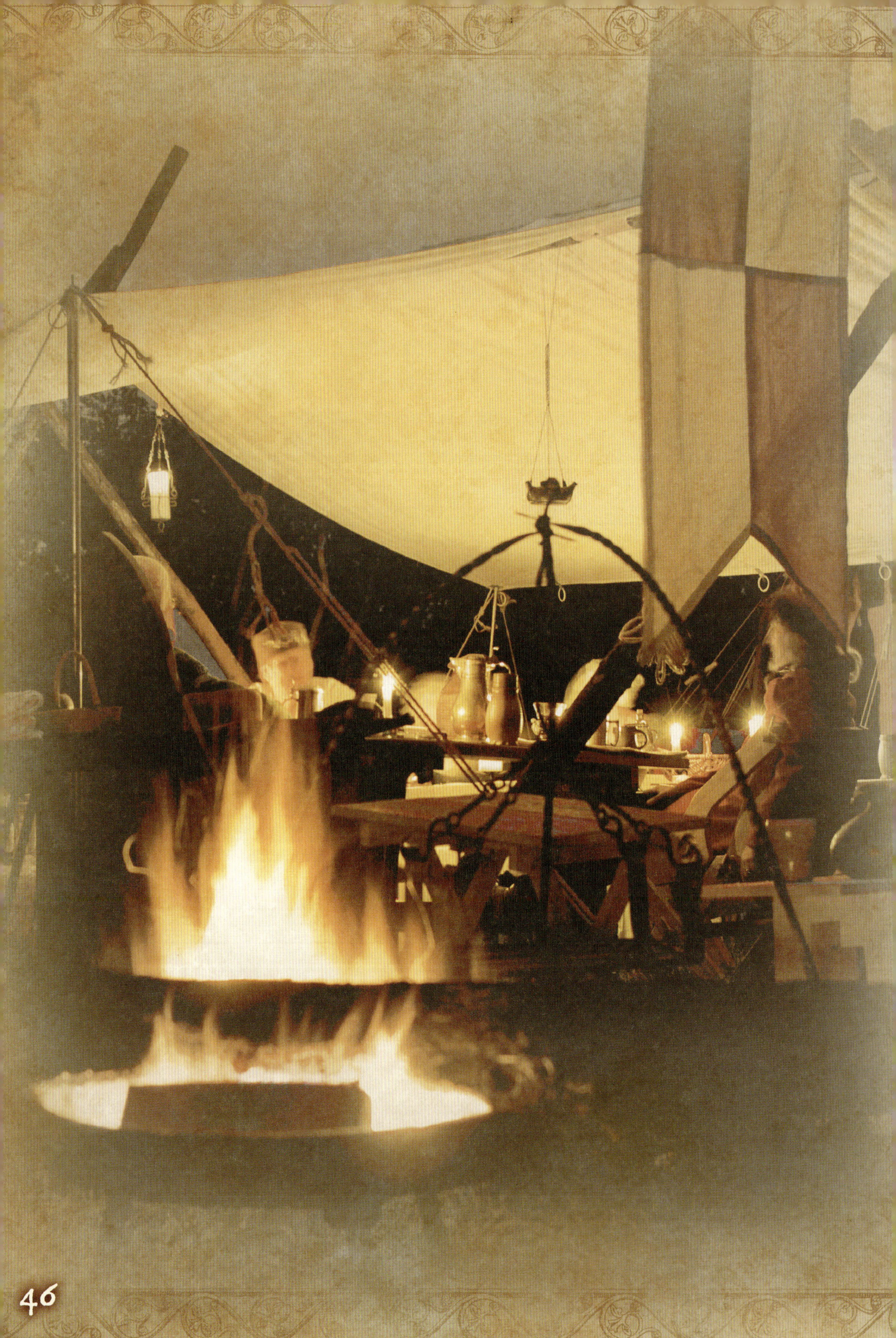

Verpflegung – Essen und Trinken

So aufregend ein LARP auch ist, so beschäftigt man mitunter sein kann – essen muss jeder. Es gibt drei Arten der Verpflegung auf LARPs, damit niemand vom Fleisch fällt:

Vollverpflegung: Die all inclusive-Version des LARPs beinhaltet für gewöhnlich ein reichhaltiges Brunchbuffet, welches von morgens bis zum Nachmittag bereit steht und bei dem im Optimalfall immer wieder nachgelegt wird (und vielleicht nachmittags leckerer Kuchen dazu kommt), und eine warme Mahlzeit am Abend. Meistens sind auch die (nichtalkoholischen) Getränke umsonst.

Teilverpflegung: Die Spielleitung stellt etwas zu Essen zur Verfügung (in der Regel eine warme Mahlzeit). Für Frühstück, Snacks und Getränke muss man selbst sorgen. Oft gibt es in der Taverne zusätzlich die Möglichkeit, günstige Speisen zu erstehen, wie zum Beispiel Eintopf, Würstchen oder andere Kleinigkeiten.

Selbstversorgung: Vor dem Con geht man richtig schön einkaufen und deckt sich mit allerlei Leckereien ein. Ob die Tafel kalt bleibt, man schmackhaftes Grillfleisch kauft oder tatsächlich beabsichtigt, richtig zu kochen, ist jedem selbst überlassen.

Die „LARP Cuisine" unterscheidet sich dabei durchaus von dem, was man im Alltag serviert bekommt oder für sich selbst köchelt. Gute LARP-Küche sollte fünf Kriterien erfüllen.

1. Sie sollte unaufwändig sein, denn als Kochstelle gibt es oft nicht viel mehr als einen Holzkohle-Grill.

2. Sie sollte sich aus haltbaren Lebensmitteln herstellen lassen, denn Kühlgelegenheiten sind rar oder schlicht nicht vorhanden.

3. Sie sollte dem Körper schnell viel Energie zuführen, denn beim Live-Rollenspiel ist man körperlich sehr aktiv. Erfahrene Köche rechnen bei LARPern mit 30-50 Prozent größeren Portionen!

4. Sie sollte sich ins Ambiente einfügen. Klar lieben viele Fast Food – aber das hat in einer mittelalterlich angehauchten Fantasy-Welt nichts verloren.

5. Sie sollte schmecken! Und zwar auch nach dem Wiederaufwärmen.

Besonders beliebt sind daher Suppen und Eintöpfe, Grillgut jeder Art und auch warme Süßspeisen.

Bitte immer daran denken, dass auch die Verpackung des Essens in die Fantasiewelt passen sollte – es sei denn, man beabsichtigt für sich allein im Zelt zu speisen. Am besten kauft man daher Lebensmittel ohne

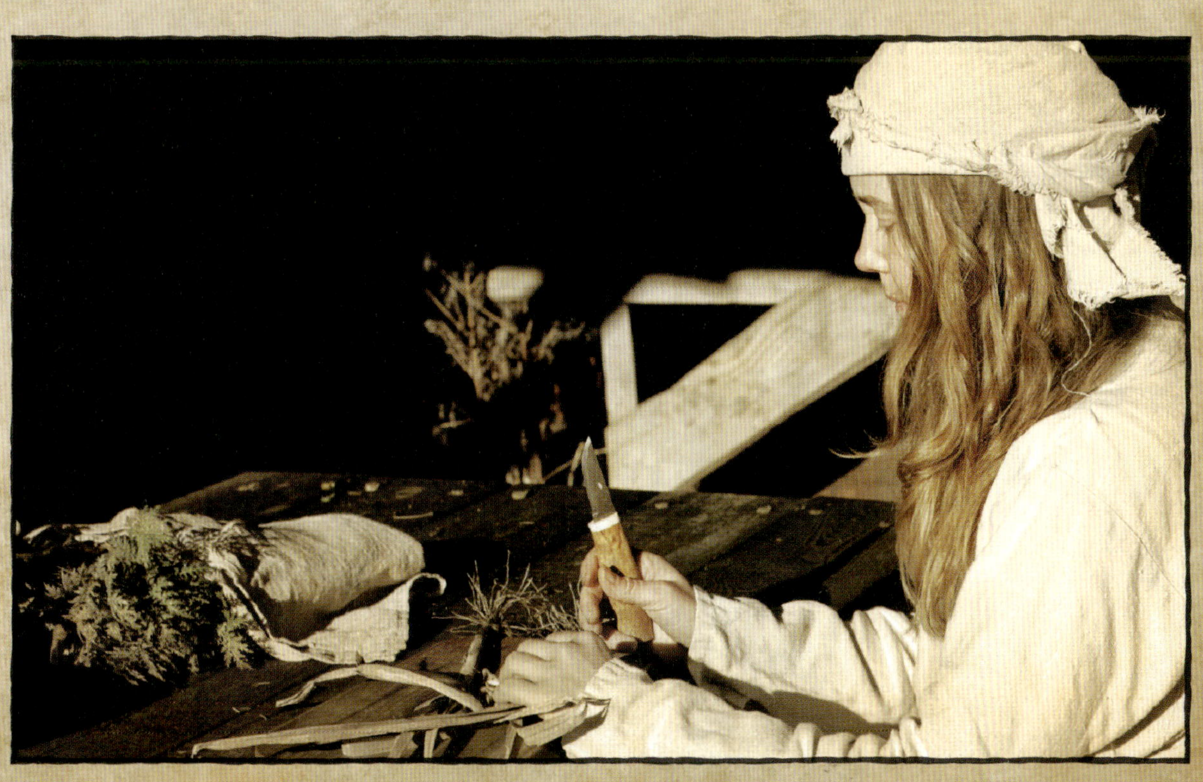

Verpackung, denn die würde früher oder später sowieso hässlich herum liegen und das Ambiente stören.

Also bitte keine Chips-Tüten, keine bunten Weingummis, keine 5 Minuten-Terrine-Becher, denn niemand mag sich vorstellen, dass Aragorn während seines Besuchs im „Tänzelnden Pony" heißes Wasser in so einen Plastiknapf gießt und zu löffeln anfängt.

Es gibt viele Möglichkeiten, sich stilvoll und charaktergerecht zu ernähren, und so mancher ist bereits richtig auf den Geschmack gekommen: Es gibt fahrende Köche, die – den Topf auf den Rücken geschnallt, den Kochlöffel fest in der Hand – durch die Lande reisen und ihre Dienste anbieten. Und wer es so richtig wissen will, der meldet sich zum Kochwettbewerb – ganz nach Belieben als Koch oder Verkoster.

Wenn Du noch keine eigenen Vorstellungen hast, was Du zum Essen auf ein LARP mitnehmen kannst, dann versuche es doch hiermit:

- **Wurst, Käse, Schinken (vorzugsweise am Stück auf einem rustikalen Holzbrett)**
- **alle Arten von Brot, auch gern als ganzer Laib, der sich gut teilen lässt**
- **Obst, ideal sind Äpfel, Birnen und Weintrauben (auch sehr schön in einer Schale)**
- **Gemüse, Nüsse und Trockenobst (z. B. auf einem tiefen Holz- oder Metallteller)**
- **Kekse und Pralinen (nach Geschmack, aber natürlich ohne Plastikverpackung)**

Trinken auf einem LARP

Auf dem Con sollte man unbedingt darauf achten, immer ausreichend Wasser zu trinken. Durch die viele Bewegung, gegebenenfalls erschwert durch ungewohnte körperliche Anstrengungen (Rüstungen tragen, kämpfen), kann es sonst schnell zu Kreislaufproblemen kommen, die einem das ganze LARP vermiesen können.

Auch wenn die Orga die Getränke stellt – nimm ein paar Flaschen Wasser extra mit, die Du im Zelt lagerst und aus denen Du schnell mal zwischendurch einen Schluck nehmen kannst.

Was Alkohol betrifft: Zwar hat niemand etwas dagegen, wenn man passend zur Situation einen Met, ein Bier oder Wein trinkt. Doch man muss immer bedenken, dass man unter Alkoholeinfluss nicht mehr fähig ist zu kämpfen! Auch ist der Konsum von hochprozentigem Alkohol gesetzlich erst ab 18 Jahren erlaubt!

Falls es also einmal vorkommt, dass man sich einen Schluck über den Durst genehmigt hat, legt man seine LARP-Waffe zur Seite, geht ins Bett, schläft sich aus und gefährdet keinesfalls sich selbst oder andere durch vernebelte Aktionen.

Wenn Du Alkohol trinken willst, dann bitte in Maßen und nur so viel, dass Du Deine Handlungen vollständig unter Kontrolle behältst!

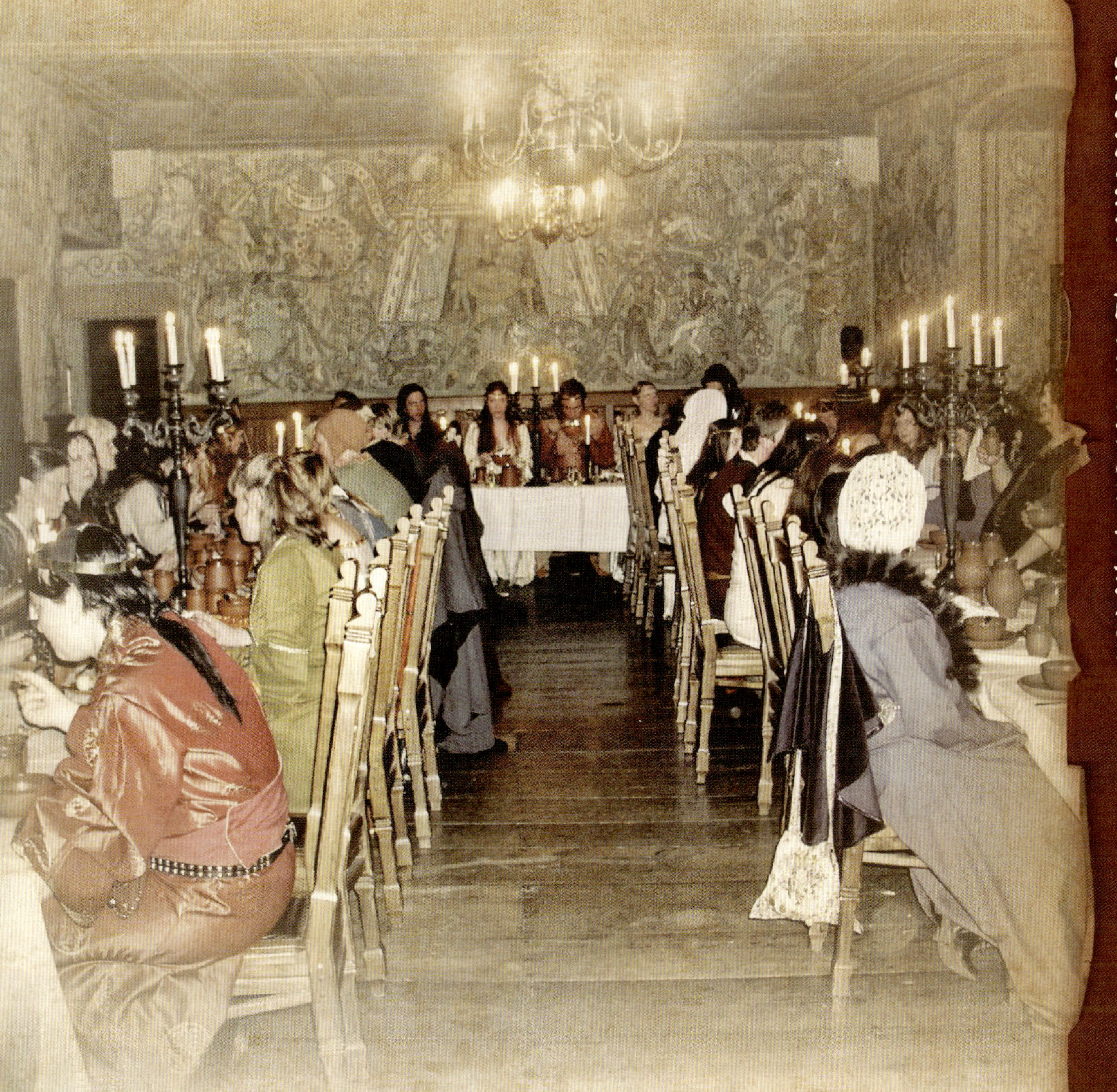

Dauer eines LARPs

Es scheint zunächst, als sei die Länge eines Cons nur ein untergeordnetes Kriterium. Was macht es schon für einen Unterschied, ob das LARP zwei oder drei Tage dauert, mag man sich fragen. Aber Obacht! Nicht ohne Grund wählen einige Live-Rollenspieler ihre Veranstaltungen eher nach der Dauer als dem angekündigten Plot aus.

Ein-Tages-Larpie

Diese sehr kurzen Cons lassen sich für die SL relativ leicht organisieren. Eine Unterkunft ist in der Regel nicht erforderlich, was sich positiv im Gesamtpreis niederschlägt. Man muss keinen Urlaub beantragen, um teilnehmen zu können: Hinfahren, umziehen, loslegen – das ist die Devise.

Allerdings bleibt bei kurzer Dauer und niedrigem Budget oft auch wenig Spielraum für Überraschendes. Daher sind solche Veranstaltungen eher für Charakterzusammenkünfte oder kurze Episoden ausgelegt. Man trifft vor allem Leute aus der Umgebung, denn für einen Tag lohnt kaum eine lange Anreise.

Einige Genres – zum Beispiel Vampire – haben den Ein-Tages-Stil (man sollte hier eher sagen: Eine-Nacht-Stil) für sich entdeckt und perfektioniert. Im klassischen Fantasy-Live-Rollenspiel scheint dieses Konzept leider nicht ganz so gut zu funktionieren.

Wochenend-Con

Das Wochenend-Con ist gleichsam das Standardformat des Fantasy-LARPs: Freitagnachmittag anreisen, spielen von Freitagnacht bis Samstagabend, Samstagnacht den Sieg über die Dunkelheit genießen und angemessen feiern, Sonntagvormittag in Ruhe abbauen und abreisen. Diese Zeit reicht, um in die Rolle einzutauchen, einen hinreichend komplexen und überraschenden Spannungsbogen aufzubauen und die durchwachten Nächte am Freitag und Samstag durch ein ausgiebiges Ausschlafen am Sonntag wieder wett zu machen.

Allerdings bietet auch dieses Format eine relativ geringe „Spielquote", wenn man bedenkt, dass man von den drei Tagen (Freitag, Samstag, Sonntag) gerade einmal von Freitagabend bis Samstagnacht spielt.

Konzepte, am Freitag schon nachmittags anzufangen oder am Sonntag wenigstens bis Mittag zu spielen haben sich aus organisatorischen Gründen nicht durchsetzen können.

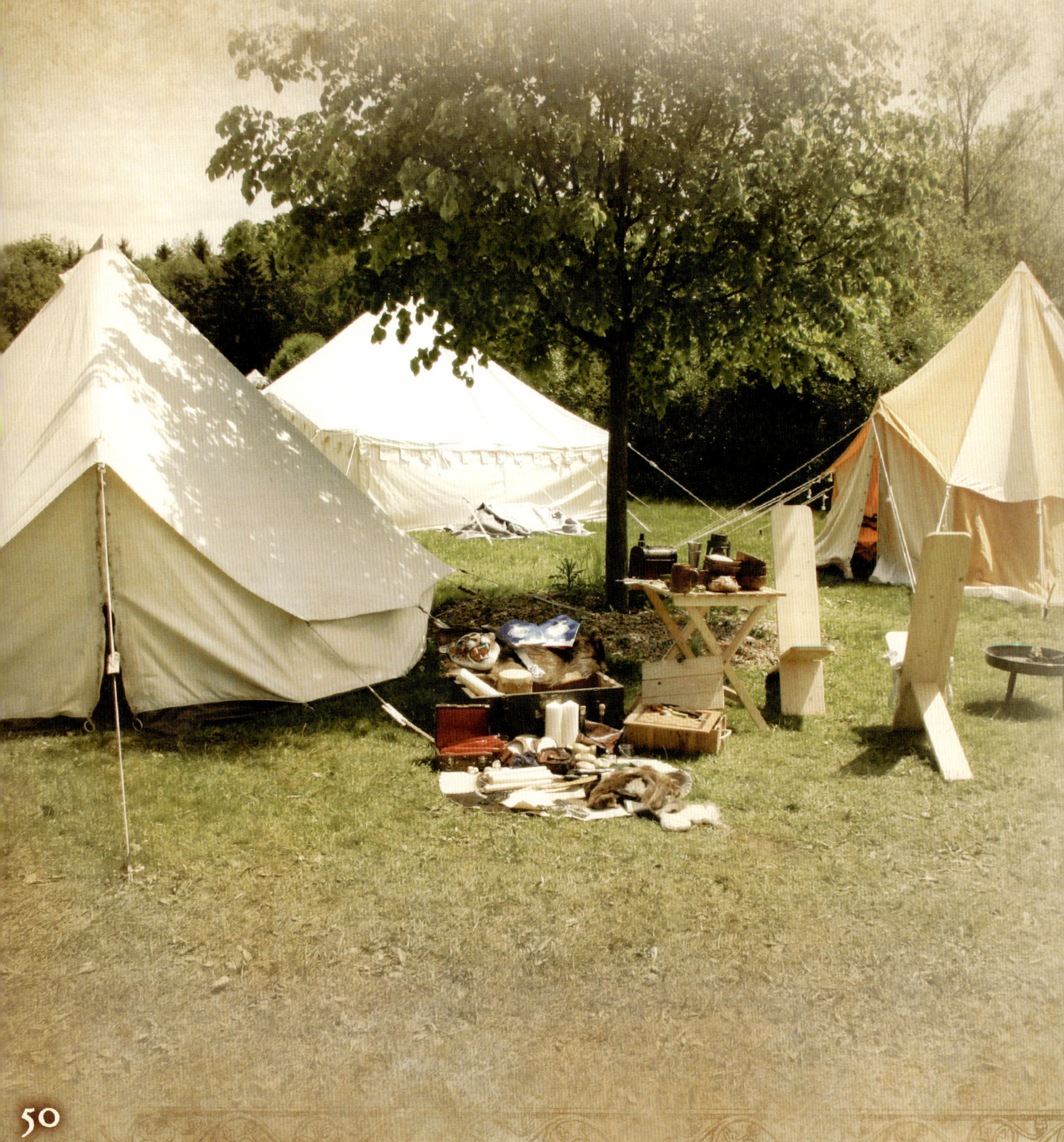

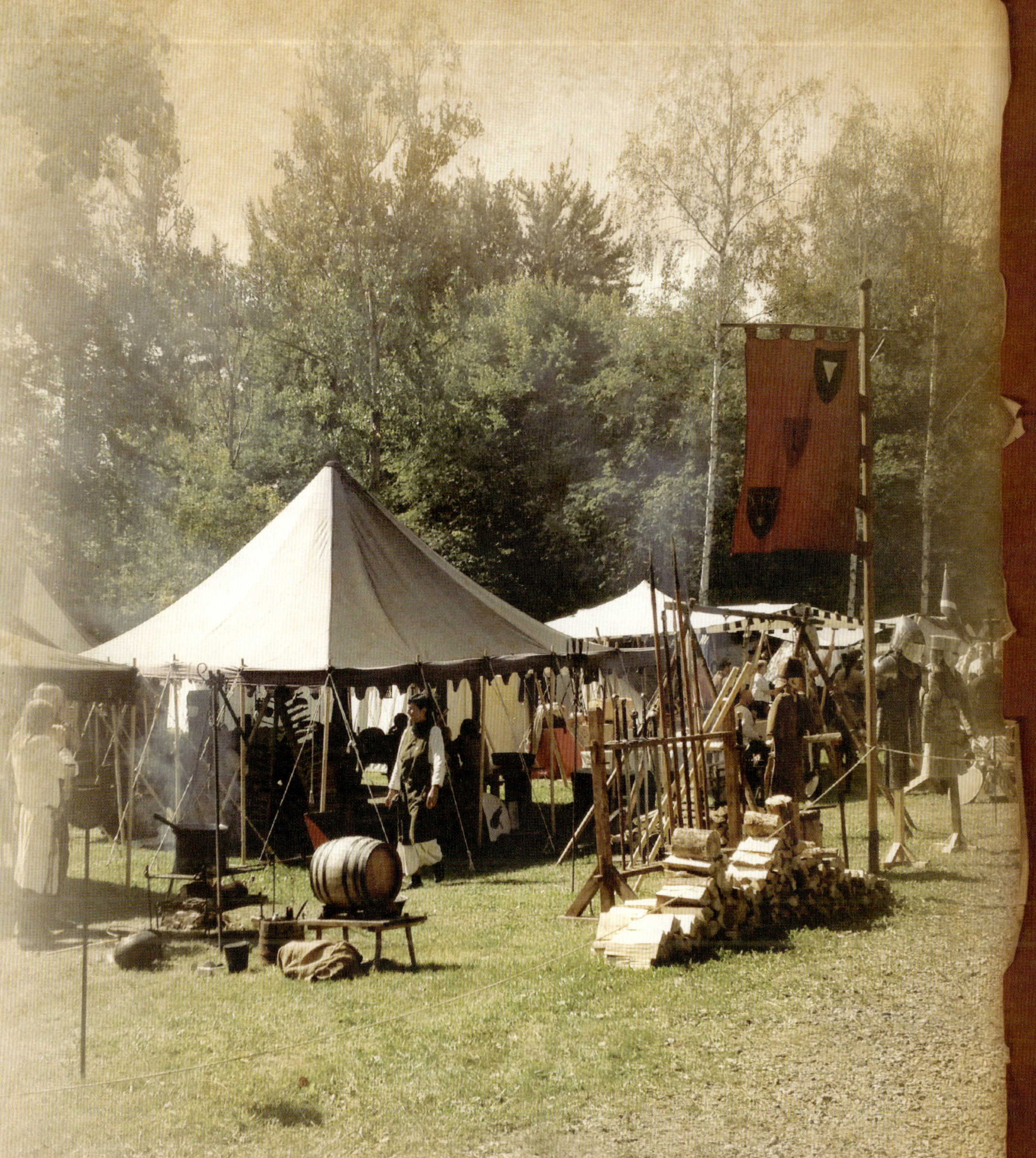

LARP am verlängerten Wochenende

Eine elegante Alternative stellt daher das verlängerte Wochenende dar. Fällt ein Feiertag auf einen Freitag oder Montag, so ist LARP-Hochsaison! Für nur einen Tag mehr Objektmiete (das sind etwa 10-20 Prozent höhere Gesamtkosten) erhält man fast einen ganzen Tag mehr Spieldauer. Daher bietet das Vier-Tage-Con ein ausgezeichnetes Preis-Leistungs-Verhältnis.

Einige Spieler sind sogar so begeistert, dass es inzwischen Vier-Tage-LARPs auch an Wochenenden ohne Brücken- oder Feiertage gibt. Dass diese Veranstaltungen laufen und ihre Klientel finden, zeigt, dass sie einen ganz besonderen Reiz haben müssen.

Fünf-Tages-Con (oder länger)

Die LARP-Großevents aber auch einige andere Veranstaltungen setzen auf das Prinzip „Klasse durch Masse", und zwar nicht nur durch eine extrem hohe Spielerzahl, sondern auch eine vergleichsweise lange Spieldauer.

Bei Veranstaltungen, die eine ganze Woche dauern, wird das LARP-Erlebnis auf volle fünf Tage oder mehr erhöht. Damit kein Gewöhnungseffekt auftritt, der als Lustbremse wirken könnte, bietet eine große Spielerschar reichlich Raum für Interaktion und Charakterspiel neben dem Plot der Spielleitung. Da so viele Spieler eine kaum zu steuernde Gruppendynamik entwickeln können, verwendet man in der Regel auch andere Spielkonzepte als bei kleineren Veranstaltungen. Zudem können wegen größerer Spielerzahlen auch phänomenale Kulissen gemietet werden, ein absoluter Bonus!

Ist man fünf Tage am Stück in einer Rolle, will man irgendwann auch baden, seine Kleidung wechseln oder einfach mal abschalten. Durchzuhalten und die schwere Rüstung anzulegen, auch wenn der Rücken schmerzt – mancher sucht genau diese Herausforderung. Anderen geht dieses Konzept zu sehr zu Lasten des Spaßes.

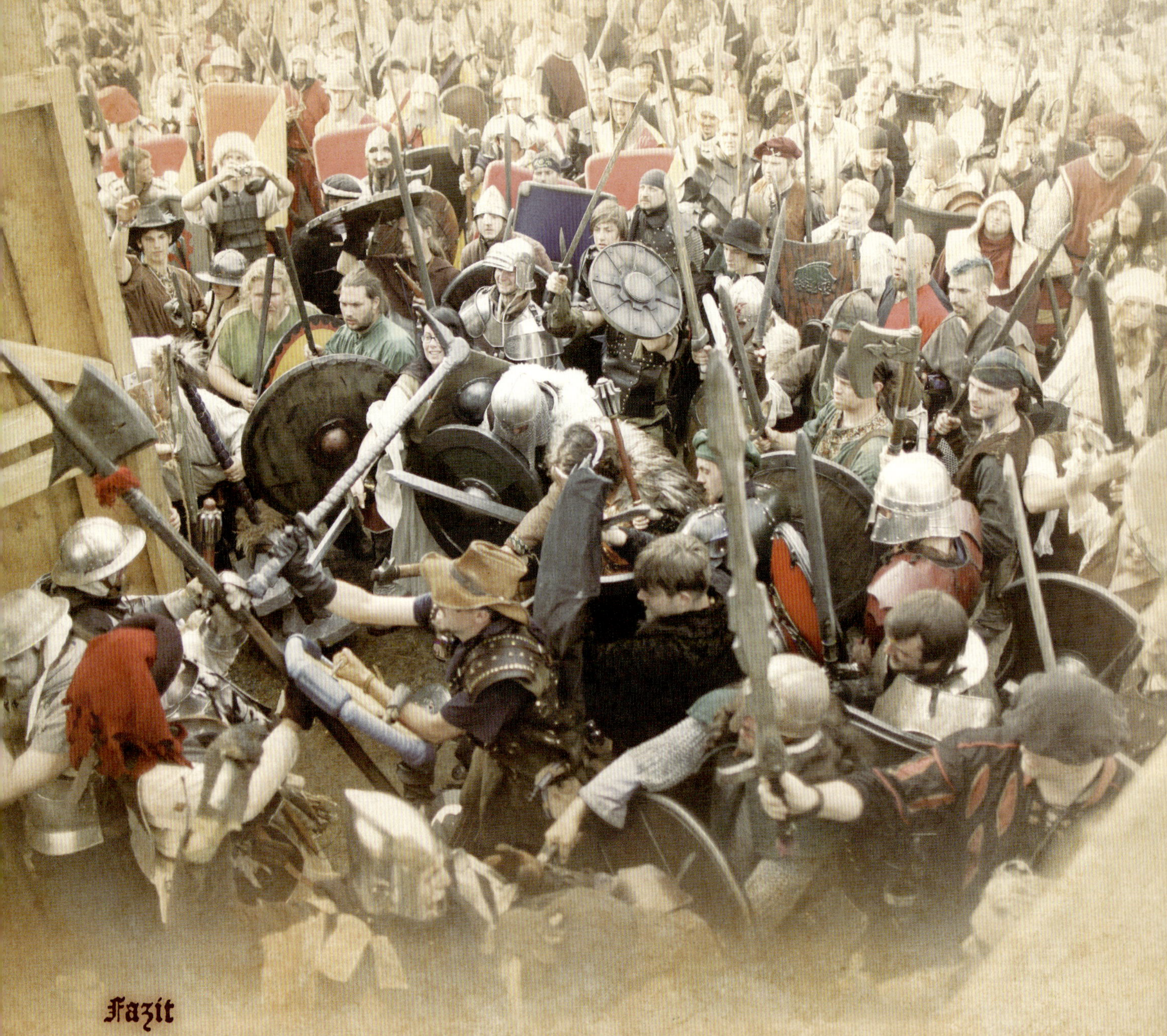

Fazit

Welche Variante LARP einem wirklich liegt, wird man daher nur durch ausprobieren herausfinden können.

Für den Einstieg ist wahrscheinlich der goldene Mittelweg eines Cons am (verlängerten) Wochenende die beste Wahl.

Kosten eines LARPs

„Wie viel darf ein LARP kosten?" – das ist die Preisfrage! Es kommt natürlich darauf an, welche Art von Veranstaltung man sich ausgesucht hat. Der Preis hängt in der Regel insbesondere von den drei genannten Parametern Unterbringung, Verpflegung und Dauer des LARPs ab, wobei zusätzlich noch die Kosten für An- und Abreise zu berücksichtigen sind.

Die folgende Tabelle gibt einen ungefähren mittleren Preisrahmen in Euro für vier exemplarische Veranstaltungstypen an, wie man sie zum Beispiel unter www.larpkalender.de findet.

	Tagescon	Wochenende (Zelt)	Vier Tage (Burg)	Fünf Tage Großcon
Selbstversorgung	10 €	50–80 €	80–130 €	90–120 €
Vollverpflegung	20–30 €	80–110 €	100–160 €	-
Beispiel				

Bei vielen Veranstaltungen hat sich das Konzept der Staffelpreise etabliert: Wer früh überweist, kann oft 20 Prozent oder mehr sparen. Wählt man die Rolle als NSC, so kostet die Veranstaltung in der Regel erheblich weniger als für Spieler – oft nur den halben Preis oder noch weniger.

Natürlich gibt es auch LARPs, die deutlich teurer oder wesentlich preiswerter sind. Wenn ein Live-Rollenspiel eine ganze Woche dauert und in Schottland spielt, dazu ein Ferienflieger komplett gechartert wird (ja, hat es alles schon gegeben), dann sind auch 350 Euro immer noch ein bombig guter Preis. Wenn eine SL in der beneidenswerten Lage ist, dass ihr eine Location selbst gehört, dann kann sie ein Con auch zu einem unschlagbar günstigen Kurs anbieten, ohne dass man misstrauisch werden muss.

In den vergangenen Jahren haben wir eine stetige Preissteigerung der Veranstaltungen beobachtet. Einige Orgas haben unerfreuliche Erfahrungen mit Events gemacht, die sich nicht getragen haben, mussten hunderte oder tausende Euros drauflegen und erhöhten daraufhin die Preise um einen Sicherheitsabschlag.

Dennoch: Die Live-Rollenspielszene ist vergleichsweise wenig gewinnorientiert. Berücksichtigt man, dass für die Planung, Organisation, Vorbereitung, Durchführung und Nachbereitung eines guten Drei-Tage-Cons mindestens 1000 Arbeitsstunden an Aufwand anfallen, dann kann man hochrechnen, dass ein professioneller Veranstalter bei 100 Teilnehmern pro Kopf bereits 150 Euro Personalkosten (plus Miete, Essen, Requisite) einnehmen müsste, um davon leben zu können.

Anmeldung zum Con

Dort kann man stöbern, und wenn man ein LARP gefunden hat, das einem zusagt, dann meldet man sich entweder direkt an oder kontaktiert die Orga, um Fragen zu klären. Das geht per E-Mail, über die Homepage der Veranstalter (falls vorhanden) oder direkt über den Link zur Anmeldung.

Häufig kann man sich bequem und schnell anmelden, indem man ein Online-Formular ausfüllt. Oft bestehen Veranstalter aber ungeachtet aller Technisierung immer noch auf eine Anmeldung auf Papierbasis. Dann lädt man sich ein Dokument (zumeist im PDF-Format) herunter, druckt es aus, füllt es ganz klassisch mit Kugelschreiber aus, unterschreibt und gibt es in die Post. Zahlreiche Veranstalter schwören auf dieses Verfahren, gerade weil es so umständlich ist – denn dadurch sei es ein guter Indikator dafür, dass die angemeldeten Spieler tatsächlich kommen wollen.

Was spiele ich?

Wenn man sich für ein Live-Rollenspiel entschieden hat, dann ist die nächste Frage: Welche Figur werde ich vor Ort verkörpern? Hierbei spricht man vom „Charakter" oder der „Rolle". Empfehlenswert sind für das erste Mal vor allem Rollen, die ohne großen Aufwand authentisch dargestellt werden können.

Es scheint zunächst ziemlich clever, das erste LARP als NSC zu erleben: Man benötigt keine Gewandung, Waffen und Ausrüstung werden größtenteils gestellt und der Veranstaltungspreis ist obendrein meistens geringer für NSCs.

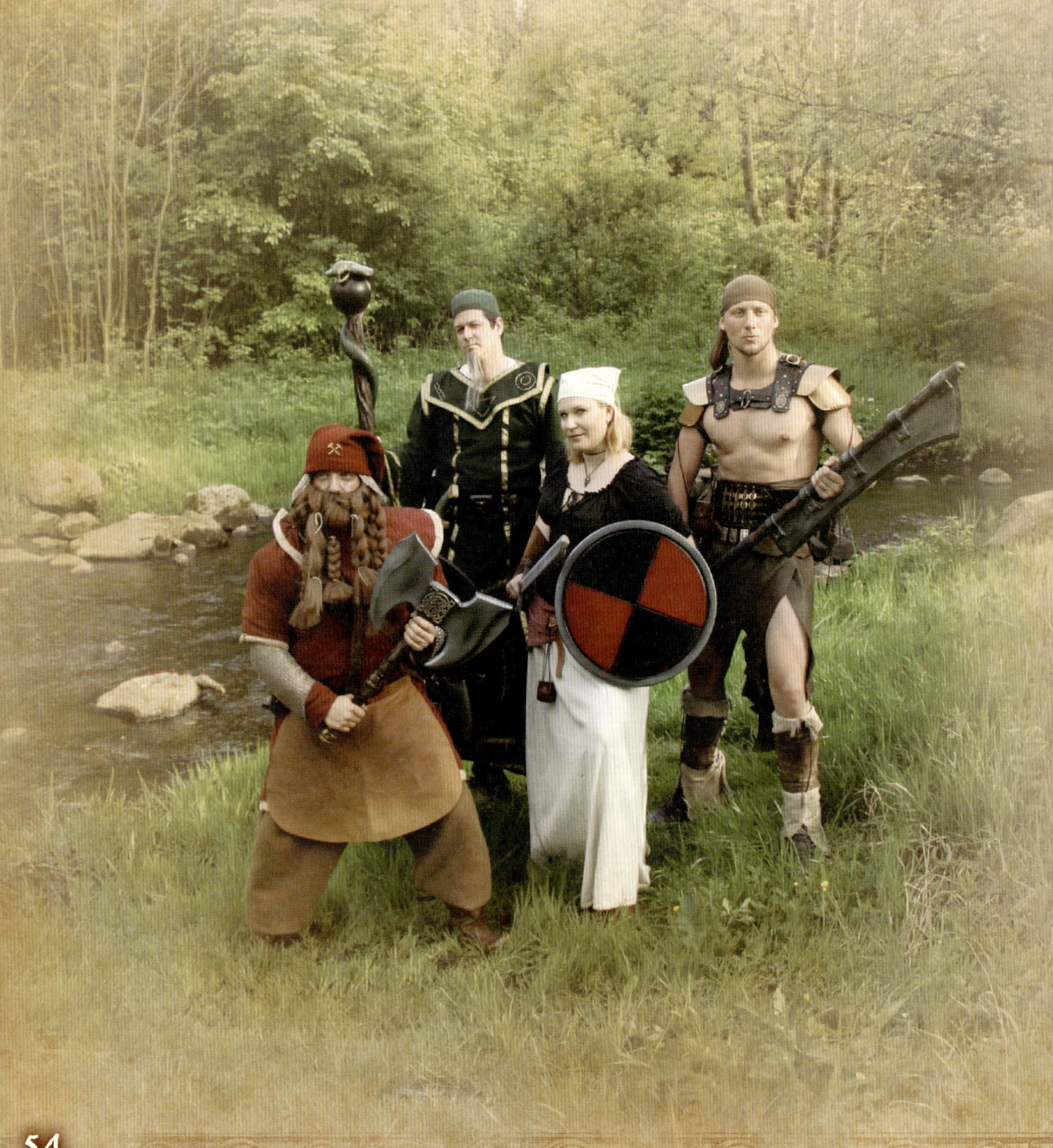

Dabei verpasst man allerdings den „Zauber", den gerade Einsteiger auf ihren ersten Spielen erleben, wenn alles noch spannend, faszinierend und neu ist. Wer als NSC einsteigt, schaut sofort hinter den magischen Vorhang. Der kennt die Abläufe, mittels derer man Spielern Angst einflößt und Begeisterung entlockt, der sieht auch später hinter jeder Rauchwolke eine Nebelmaschine ... Ein Einstieg ins Live-Rollenspiel als NSC sollte daher besser vermieden werden, man nimmt sich selbst sehr viel Spaß.

Wir gehen also direkt dazu über, das erste LARP als Spieler zu planen.

Der Charakter

Für das erste LARP bedarf es natürlich etwas an Vorbereitung. Es gibt tatsächlich Leute, die sich vor ihrem ersten LARP bereits eine Plattenrüstung zugelegt oder sogar ein Kettenhemd selbst gestrickt haben, weil sie sich vorgenommen hatten, einen souveränen Kriegsveteranen zu spielen – das ist aber keineswegs erforderlich.

Ein edler Ritter benötigt für eine gute Darstellung zum Beispiel neben seiner Rüstung ein möglichst großes Gefolge, das seine Farben trägt. Ein sicheres Auftreten, eine gewisse Erfahrung und Führungstalent sollten auch nicht fehlen. So ein Charakter ist also nicht nur schwierig zu spielen, sondern erfordert tatsächlich bereits einiges an Vorkenntnis und (materiellem) Aufwand.

Lieber klein und fein beginnen – der Ruhm kommt mit vollbrachten Taten und erlebten Abenteuern!

Ein Handwerker, der das Abenteuer und nun den Anschluss an eine Gruppe von erfahrenen Söldnern sucht und ihnen seine Dienste als Koch, Schmied oder Holzfäller anbietet, ist wesentlich einfacher und auch sehr glaubhaft für einen Neuling darstellbar.

Stefan wollte bereits bei seinem ersten Rollenspiel einen tapferen Ritter darstellen, hatte aber noch keine Ahnung vom Kämpfen – geschweige denn eine Rüstung. Daher begann er als Kesselflicker und heuerte im Tross des Helge von Bärengar an. So brauchte Stefan sein tatsächlich nicht vorhandenes Wissen über Abenteuer, Kampf und Heldentum auch nicht zu kaschieren. Eines Tages war dann endlich der Zeitpunkt gekommen, und Stefans Charakter wurde selbst zum Ritter geschlagen.

Es muss also nicht immer (gleich) der größte Kämpfer, die mächtigste Magierin oder der reichste Adelige sein, um Eindruck zu hinterlassen oder das Spiel zu bereichern. Der einfache, aber gut gespielte, mit liebevollen Details ausgestattete Abenteurer, der in der Taverne am Feuer sitzt, einen Becher heißen Met trinkt und noch immer aufgeregt von den Erlebnissen seiner ersten Reise erzählt, wird einen positiveren Eindruck hinterlassen, als ein Charakter der angeblich schon alles gesehen hat, dessen Verhalten und Gewandung jedoch keineswegs seiner Prahlerei entsprechen.

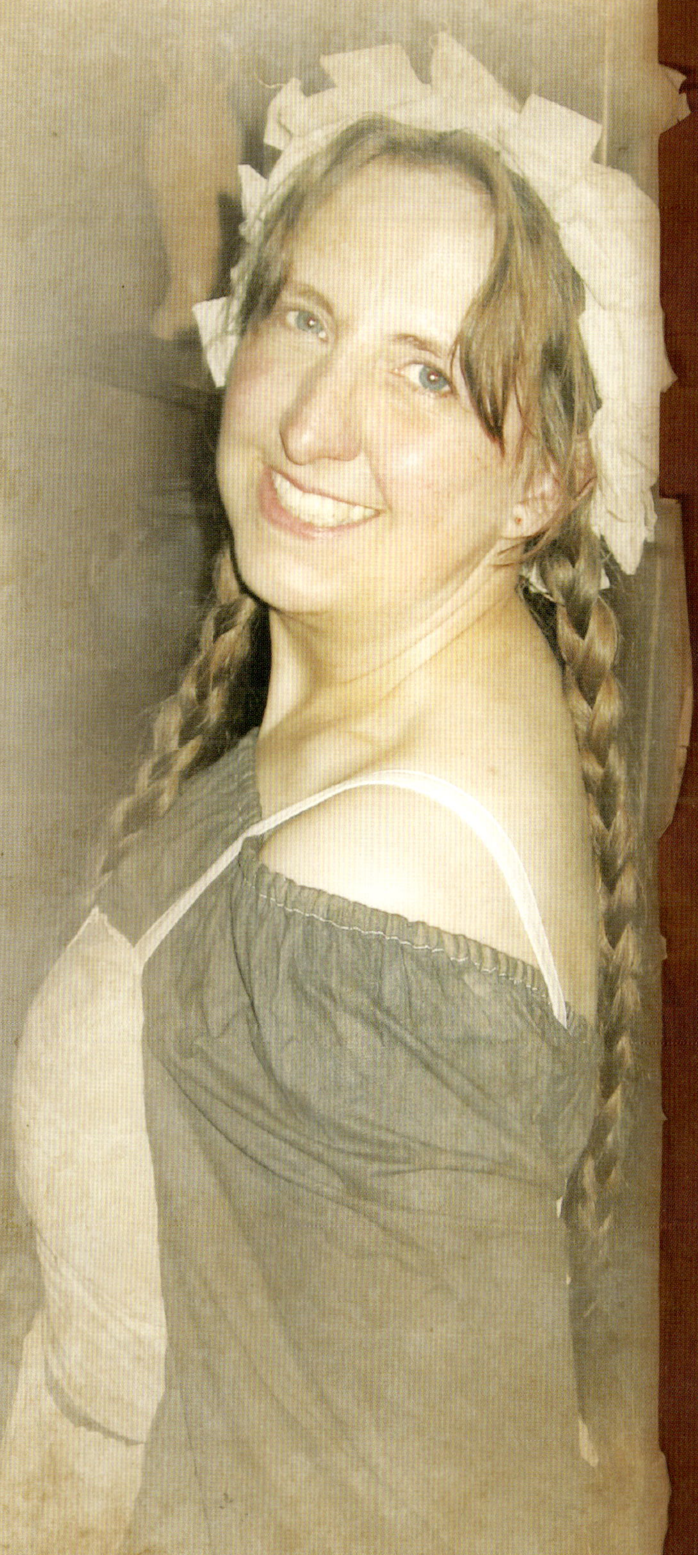

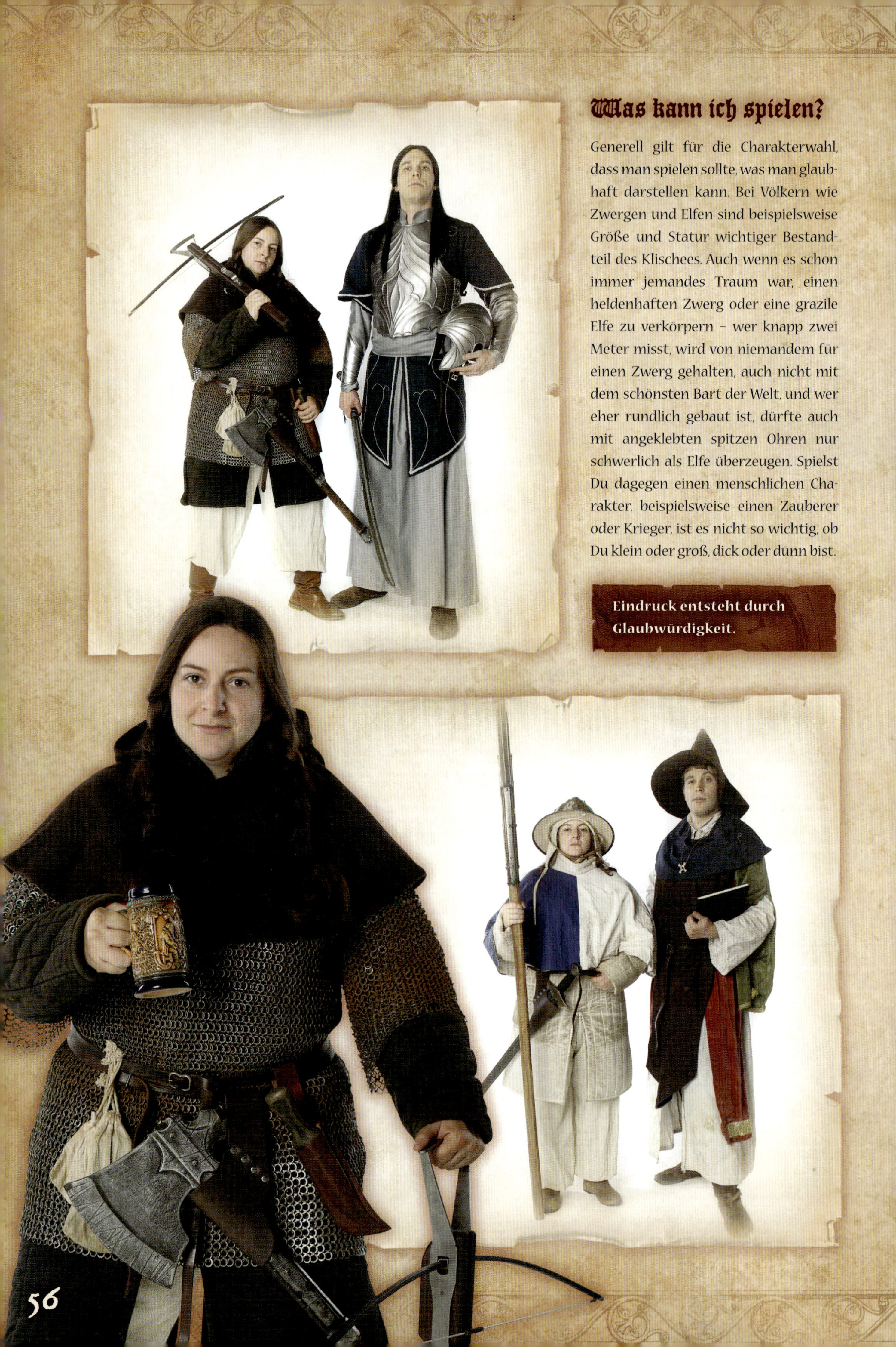

Was kann ich spielen?

Generell gilt für die Charakterwahl, dass man spielen sollte, was man glaubhaft darstellen kann. Bei Völkern wie Zwergen und Elfen sind beispielsweise Größe und Statur wichtiger Bestandteil des Klischees. Auch wenn es schon immer jemandes Traum war, einen heldenhaften Zwerg oder eine grazile Elfe zu verkörpern – wer knapp zwei Meter misst, wird von niemandem für einen Zwerg gehalten, auch nicht mit dem schönsten Bart der Welt, und wer eher rundlich gebaut ist, dürfte auch mit angeklebten spitzen Ohren nur schwerlich als Elfe überzeugen. Spielst Du dagegen einen menschlichen Charakter, beispielsweise einen Zauberer oder Krieger, ist es nicht so wichtig, ob Du klein oder groß, dick oder dünn bist.

Eindruck entsteht durch Glaubwürdigkeit.

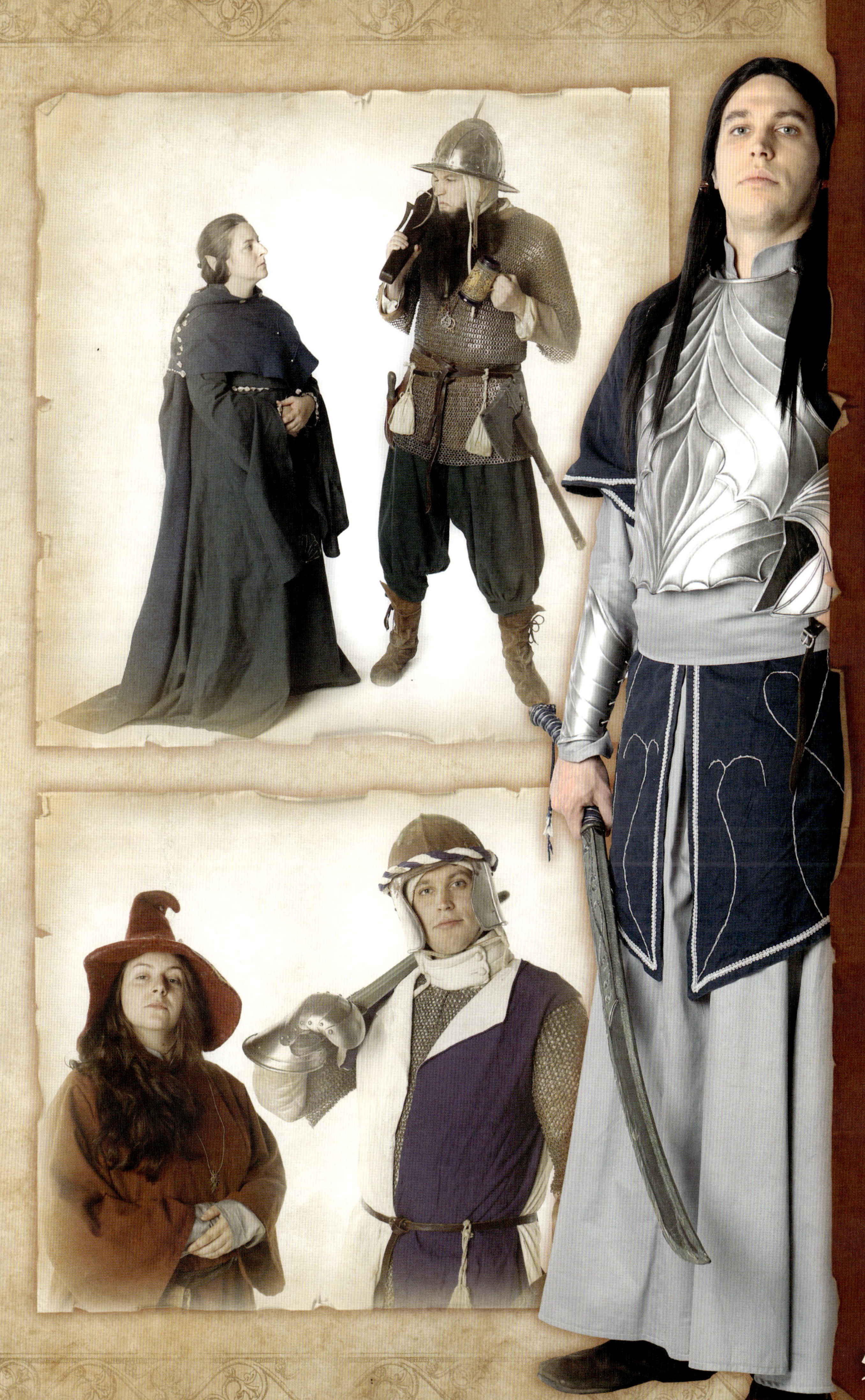

Wer bin ich?

Beginnen wir mit dem Namen. Autoren von Fantasy-Romanen verwenden oftmals ungewöhnliche, eigene Kreationen. Im LARP ist das eher ungünstig. Der durchschnittliche Spieler ist sehr froh über Charakternamen aus einer oder zwei Silben. Der Verzicht auf lange Zungenbrecher ist im Übrigen auch ein wirksamer Schutz vor unbeliebten Spitznamen und erhöht die Wahrscheinlichkeit, dass sich jemand Euren Namen merkt.

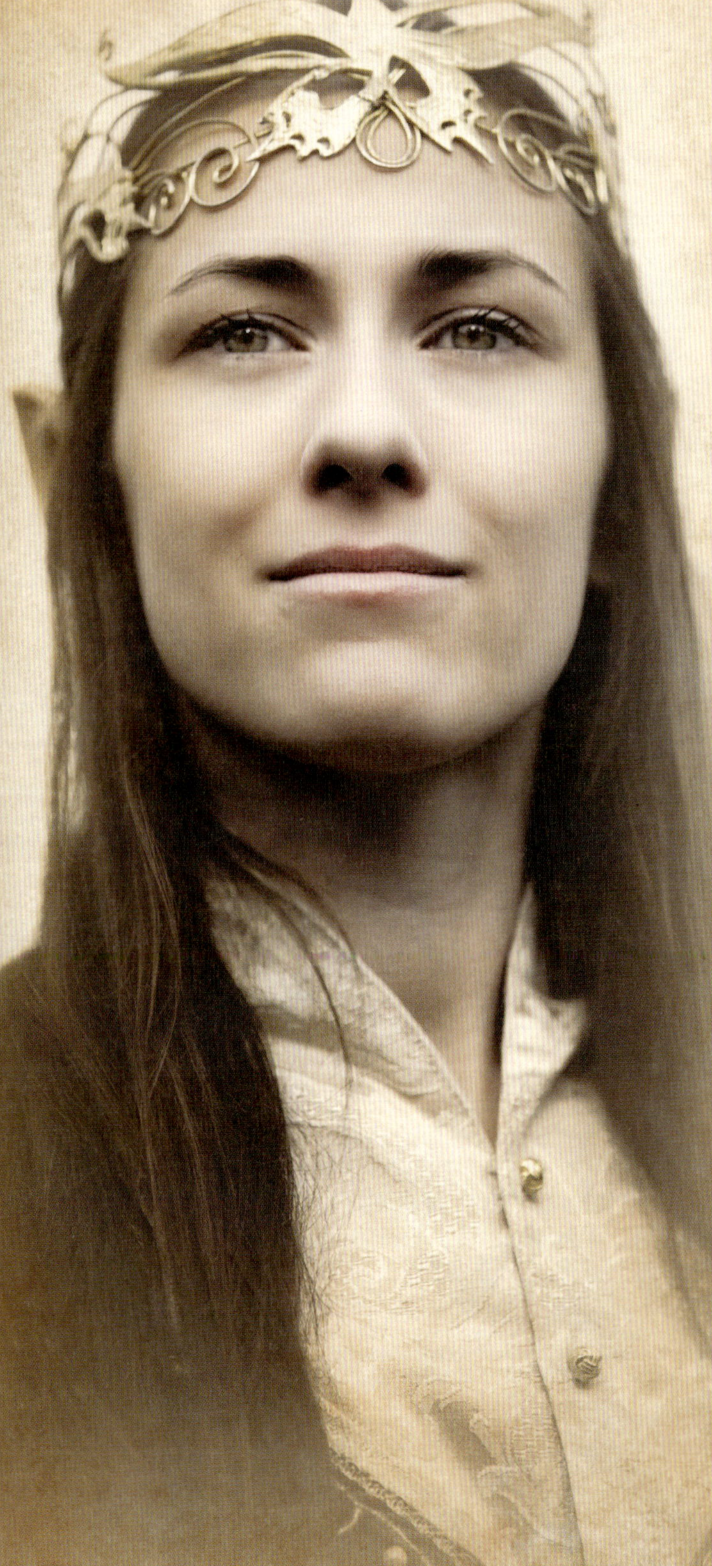

Die Namensfindung ist dennoch alles andere als einfach. Zu einem stolzen elfischen Krieger passt eben kein Name wie „Sepp" oder „Heini". Solche Namen kleiden eher einen Bauern oder reichen einem Tavernenwirt zur Ehre.

Elfen haben meist wohlklingende, lange Namen, die einem Menschen äußerst fremd erscheinen. Letztes gilt auch für zwergische Namen, die aber, anders als die der Elfen, einen harschen, entschlossenen Klang haben und meist recht kurz gehalten sind.

Fragt die Spielleitung, ob es Besonderheiten wie zum Beispiel übliche Namensgruppen in ihrem Land gibt, und lasst Euch inspirieren!

Eine Bitte noch: Wer vor hat, einen alten, berobten Magier zu spielen, der nennt ihn bitte um Himmels Willen nicht „Gandalf", ebenso wie der Elf kein „Legolas" und der Zwerg kein „Gimli" sein sollten. Solche literarisch vorbelasteten Namen lassen sich schwer mit eigenem Leben füllen, und andere Spieler schauen daher eher scheel als begeistert, wenn sie einem Namen aus der aktuellen oder auch klassischen Fantasy-Literatur begegnen.

Was will ich?

Ein Großteil der Glaubwürdigkeit des Charakters wird durch eine schlüssige Hintergrundgeschichte gefestigt. Je detailreicher man erzählen kann, wenn es um Herkunft und bisherige Erlebnisse geht, ohne sich bei einer Wiederholung zu widersprechen, desto glaubhafter wird der Eindruck, dass der dargestellte Charakter nicht nur eine Rolle, sondern eine Persönlichkeit ist.

Eine gute Hintergrundgeschichte beantwortet die folgenden Fragen:

- **In welchem Land wurde der Charakter geboren?**
- **Warum ist er auf Reisen?**
- **Wo kommt er (jetzt gerade) her?**
- **Wo will er hin?**
- **Welcher Gesinnung ist er – eher gut, neutral oder gar böse?**
- **Welche Ziele verfolgt er?**
- **Welche Charakterzüge und Eigenarten besitzt er?**
- **Was motiviert ihn und wovor fürchtet er sich?**

Die meisten Spieler schreiben ihre Hintergrundgeschichte nieder. Viele ergänzen sie mit gekürzten Erlebnissen ihrer Live-Rollenspiele oder peppen sie auf, indem sie immer wieder kleine Anekdoten einfügen.

Lässt man den Charakter in einem LARP-Land zu Hause sein, das bereits einen Hintergrund hat, so wird die fiktive Geschichte lebendiger.

Soll Dein Charakter in einem bereits bestehenden Land beheimatet sein, dann sprech Dich mit der jeweiligen Landes-Orga ab! Diese freut sich meistens und hat zudem oft gute Ideen und Tipps auf Lager.

Besondere Würze erhält eine Charaktergeschichte, wenn man den fundierten Hintergrund mit den Charaktergeschichten anderer Spieler verbindet.

Lina Schmidt braucht noch einen Hintergrund für ihre Zwergin Alana Donnerschlag. Sie hat sich in der LARP-Szene umgehört und die Dunkelmeerkampagne entdeckt, die auch einen schön ausgearbeiteten Hintergrund für Zwergen-Charaktere hat. Sie hat sich per Mail an die Orga gewendet und dort weiteres Infomaterial über die Zwerge erhalten, außerdem die Kontakte zu anderen in diesem Land heimischen Zwergen. So entstand ihre Geschichte: Alana Donnerschlag wurde geboren am schönen Dunkelmeer als zweites Kind der Alla und des Schmieds Rumbosch. Schon früh war auch sie fasziniert vom Handwerk der Schmiedekunst und wünschte sich, es zu erlernen. Ihr Vater erklärte ihr, wenn sie in seine Fußstapfen treten wolle, müsse sie zuerst in die Welt hinausziehen, um Sternenstahl zu finden – ein Metall, dem man magische Eigenschaften nachsagt und das überaus selten ist. Aus Sternenstahl, so sagte Alanas Vater, sei jede Meisterwaffe in ihrer Familie geschmiedet worden …

Was kann ich?

Neben den konkreten Eigenschaften, die durch das Regelwerk und den Charakterbogen festgelegt sind, gibt es noch viele andere Aspekte, die eine Rolle zum Charakter machen.

Gibt es Schwächen oder besondere Nachteile? Welche Eigenschaften weist der Charakter auf, die ihn kennzeichnen? Kann man das durch geeignete Kleidung herausarbeiten?

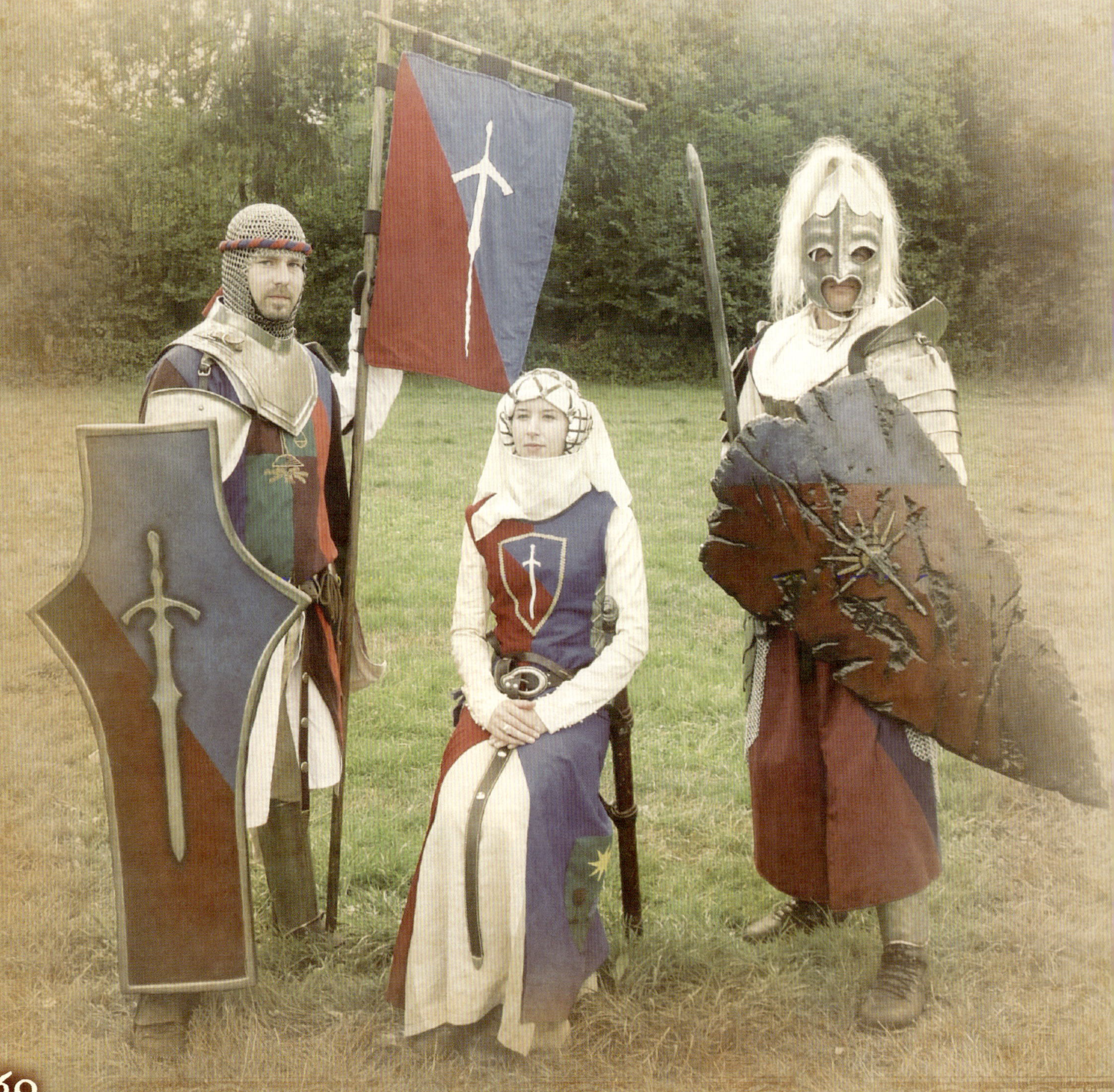

Linas Charakter Alana Donnerschlag fürchtet Schiffe und das weite Meer. Über Brücken kann sie nur auf Zehenspitzen gehen. Ihre Todfeinde sind Orks. Wenn sie mehr als zehn dieser Grünhäute sieht, gerät sie in eine Art Rausch und muss kämpfen.

Was bin ich?

Es gibt Dutzende verschiedener Berufe und Professionen, die ein Charakter haben kann. So mag ein Kämpfer durchaus in einem Spezialgebiet ausgebildet und z.B. Söldner, Ritter, Leibwächter oder (Vampir-)Jäger sein. Der Fantasie sind dabei keine Grenzen gesetzt.

Dennoch gibt es in der gängigen Fantasy-Literatur Klischees, und LARP lebt natürlich auch von diesen vorgeprägten Klassen der berühmten Literaten wie J.R.R. Tolkien, Wolfgang Hohlbein, Markus Heitz, Bernhard Hennen oder R.A. Salvatore.

Die dunkle Seite der Macht

Nicht zu verschweigen ist dabei, dass in allen Werken „gute Charaktere" aber auch Kreaturen der Finsternis beschrieben sind. Viele Orgas werden das Auftreten solcher Gestalten auf Spielerseite nicht zulassen, d. h. sie werden Dich gegebenenfalls bitten, mit einem anderen Charakter das Con zu besuchen, da sie um das Spielgleichgewicht fürchten.

Wer hat schon etwas davon, wenn sich die Spieler gegenseitig bekämpfen und am Ende alle tot sind? In jedem Charakter stecken viel Arbeit und Mühe, es ist immer schade und reine Verschwendung, wenn ein nicht von der SL gesteuertes Morden beginnt. Ab dem Moment, in dem sich Spieler-Charaktere gegenseitig den Todesstoß versetzen, hat die SL kaum noch Einfluss auf das Spielgeschehen, da sie nicht die Handlungen eines Spieler-Charakters steuern kann.

Selbst wenn ein Spieler-Charakter einer bösen Rasse von einer SL zugelassen wird, muss man als solcher immer damit rechnen, aufgemischt zu werden, sobald man in die Sichtweite der anderen Spieler kommt.

Ein Ork oder Dunkelelf auf einem LARP zusammen mit lichten Charakteren sollte bei konsequentem Spiel beider Seiten nicht überleben.

Man sollte sich also sehr gut überlegen, ob man Mühe, Zeit und Geld in einen Charakter steckt, dessen Überlebenschance nicht sehr hoch ist.

Fantasy lebt von Klischees. Denn dass die Guten von den Bösen bereits rein äußerlich unterschieden werden können, sorgt gleich von Anfang an für klare Fronten ohne moralische Verwerfungen. Die Feinde – wie zum Beispiel Untote oder deren Beschwörer – sind nach „Fantasy-Moral" böse. Und genau das macht einen guten Teil des Reizes auch aus. Der moralische Diskurs, der im wahren Leben bei allen Entscheidungen eine wesentliche Rolle spielt, darf, ja soll einfach mal ausgeschaltet und durch die Ethik der Fantasy-Welt ersetzt werden. Das ermöglicht manchmal neue, in jedem Fall veränderte Perspektiven.

Das ist auch der Grund, aus dem Ausnahmen („Mein Ork ist aber eben nicht böse.") meist nicht so gut ins Spielkonzept passen. In einem Roman können solche Charaktere Bestand haben und den Leser erfreuen – im LARP bringen sie das Spiel schlimmstenfalls aus dem Gleichgewicht. Und da das niemand will, bleiben wir besser bei den Klischees, den klassischen Feindbildern, den klassischen Monstern. Wir lassen sie böse sein und Böses tun – als NSCs.

Die Streiter des Lichts

Abgesehen von den genannten Ausnahmen, die das moralische Gleichgewicht stören, stehen „auf der guten Seite" nicht nur die üblichen Klischees, sondern darüber hinaus noch viel mehr zur Auswahl. Der Einfachheit halber sortiert man nach Rasse und Beruf, wobei dies recht weit gefasst ist. Die gängigsten Rassen im LARP sind Menschen, Halbelfen, Elfen und Zwerge.

Die Berufe der Fantasy-Welt lassen sich grob in fünf Kategorien einteilen, wobei es etliche Mischformen gibt:

- Krieger (Ritter, Knappen, Söldner, Waffenmeister …)
- Handwerker (Schmiede, Bauern, Feldschere, Köche …)
- Naturverbundene (Spurenleser, Waldläufer, Kräuterkundige, Druiden …)
- Gelehrte (Bibliothekare, Zauberer, Priester, Alchemisten …)
- Streuner (Räuber, Trickbetrüger, Bettler, fahrende Sänger …)

Man ist sowohl im Erfinden neuer Rassen als auch im Ausgestalten neuer Berufsgruppen relativ frei. Und in der Tat trifft man auf gnomische Erdbebenforscher oder koboldartige Erfinder, auf Tierwesen und Riesen. Der Fantasie sind keine Grenzen gesetzt – zumindest solange man eine schöne Umsetzung erreicht.

Die Ausrüstung des Charakters

Bei der Ausrüstung für ein Live-Rollenspiel muss man unterscheiden zwischen der Ausrüstung, die man für die Darstellung der Rolle benötigt (wie Maske und Gewandung), und den Utensilien, welche man braucht, um als Spieler eine gute Zeit zu haben (z. B. Schlafsack, Zelt und Verpflegung).

Erste Gewandung

Natürlich kann man in einer eigens zu diesem Zweck erstandenen Plattenrüstung oder einem sündhaft teuren Prinzessinnenkleid auf das erste LARP fahren. Allerdings wäre es schade drum, stellte man fest, dass die Rolle einem nicht wirklich liegt. Zudem wird man vor Ort viele Experten treffen, die einem Tipps geben können, wo man günstig an wirklich hochwertige Ausrüstung herankommt – und wie man diese erkennt.

Selbstverständlich sollte die erste Gewandung LARP-tauglich sein. Das bedeutet, neumodische Stoffe und Farben sollten vermieden werden. Wählt man eher mittelalterliche Schnitte, wird man nicht unangenehm auffallen oder gar als Tourist verkannt.

Jede Gewandung sollte liebevoll ausgearbeitet sein – unabhängig vom Preis.

Es ist für einen selbst eben so schön, wenn man eine einzigartige Erscheinung abgibt, wie für andere. Hier soll noch einmal gesagt sein: Im LARP ist man auch für den Spaß der anderen verantwortlich, und selbstverständlich kommt der wesentlich leichter auf, wenn man sieht, dass das Gegenüber sich mit seinem Charakter Mühe gibt.

Markus begegnet auf einem LARP Michael, dem „Hauptmann der Armee". Dieser trägt eine schwarze Jeans und ein Piratenhemd. Es fällt Markus schwer, ihn als Hauptmann zu akzeptieren – ja, er vermutet sogar, dass es sich um einen Gauner handelt, der sich nur als Hauptmann ausgibt. Hätte sich Michael statt der kargen Erscheinung für eine schön verzierte Lederrüstung, einen Wappenrock und einem Musketierhut mit großer Straußenfeder entschieden, dann käme er jetzt nicht in Bedrängnis …

Wer bereits Freunde hat, die LARP spielen, sollte sich für seinen ersten Abstecher ins Reich der Fantasie ein paar Gewandungsteile leihen und so eine vernünftige, zum Charakter passende Gewandung zusammenstellen. Wenn man seinen Charakter dann mehrmals gespielt hat, kommen eigene Gewandungsideen von ganz allein, und man entwickelt bald eine Vorstellung von der künftigen Gewandung des Charakters.

Wer keine Freunde in der LARP-Szene hat, kann sich für wenig Geld eine passende Gewandung zusammenkaufen. Eine einfache Stoffhose, eine Tunika und ein Umhang reichen fürs erste. Es gibt zahlreiche LARP-Schneider und Läden, die eine Anfängergewandung in ihrem Sortiment anbieten. Auch auf eBay gibt es gelegentlich ein Schnäppchen zu erstehen.

Passende Kleider für Deine LARP-Premiere kannst Du auf Flohmärkten, Kleiderbörsen oder Omas Dachboden finden und bei Theaterverkäufen oder bei Versteigerungen günstig erstehen.

Wer geschickt mit der Nähmaschine ist, kann natürlich selber entwerfen und sich seine Traumgewandung so zusammennähen, wie sie im Buche steht. Im Anhang findet Ihr nützliche Links und Buchtipps für Nähanleitungen.

Im Folgenden sind ein paar einfache Schnittmuster für Standardgewandungsteile aufgeführt, die mit herkömmlicher Kleidung kombiniert eine einfache erste Gewandung ergeben können.

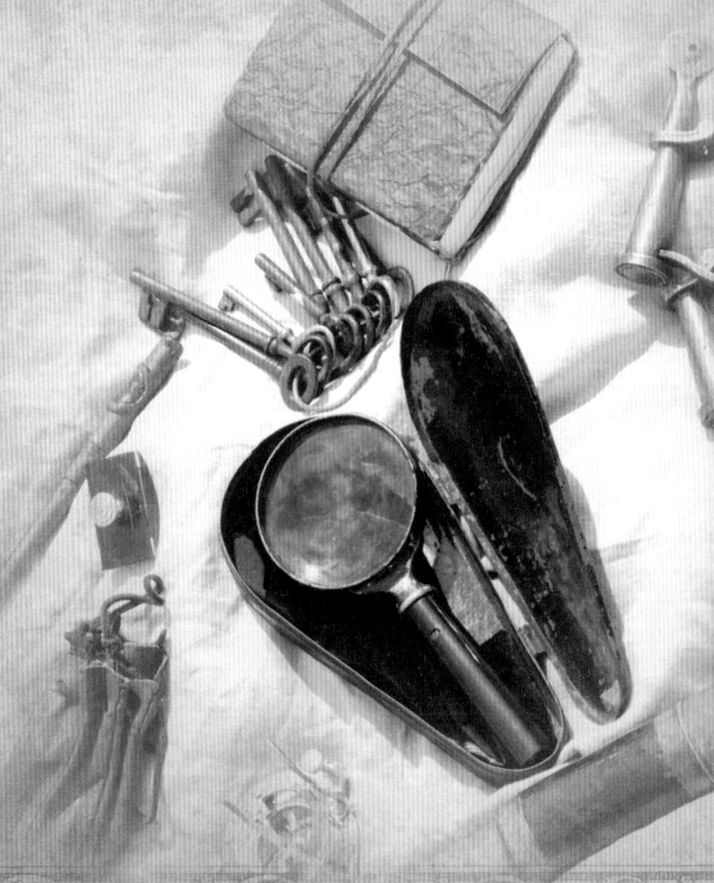

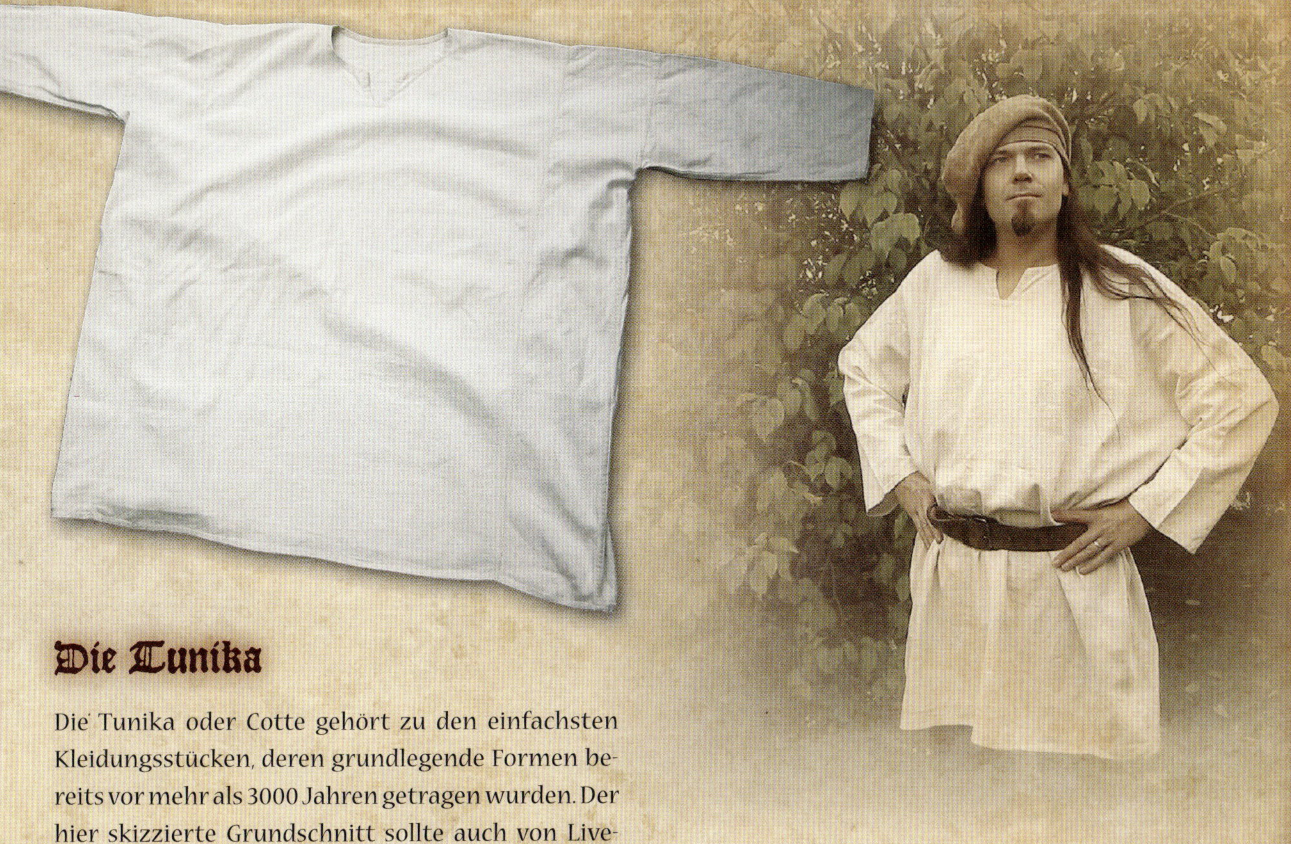

Die Tunika

Die Tunika oder Cotte gehört zu den einfachsten Kleidungsstücken, deren grundlegende Formen bereits vor mehr als 3000 Jahren getragen wurden. Der hier skizzierte Grundschnitt sollte auch von Live-Rollenspielern mit wenig Näherfahrung zu bewältigen sein und kann außerdem leicht abgewandelt werden: Der Stoff für die Tunika kann beispielsweise bodenlang zugeschnitten werden (z.B. für eine Magierrobe). Mit edlerem Stoff und aufwändigen Borten kann man sogar ein einfaches Adelsgewand selber machen (allerdings sind adlige Charaktere meist nicht anfängertauglich).

Material

Am besten eignen sich Wollstoff oder Loden. Alternativ kann man (besonders für eine Sommergewandung) auch Leinen verwenden. Die Farbwahl hängt sehr vom Verwendungszweck ab. Für einfache Charaktere wählt man gedeckte Farben, besser gestellte Spielfiguren dürfen ruhig farbenfroh daherkommen.

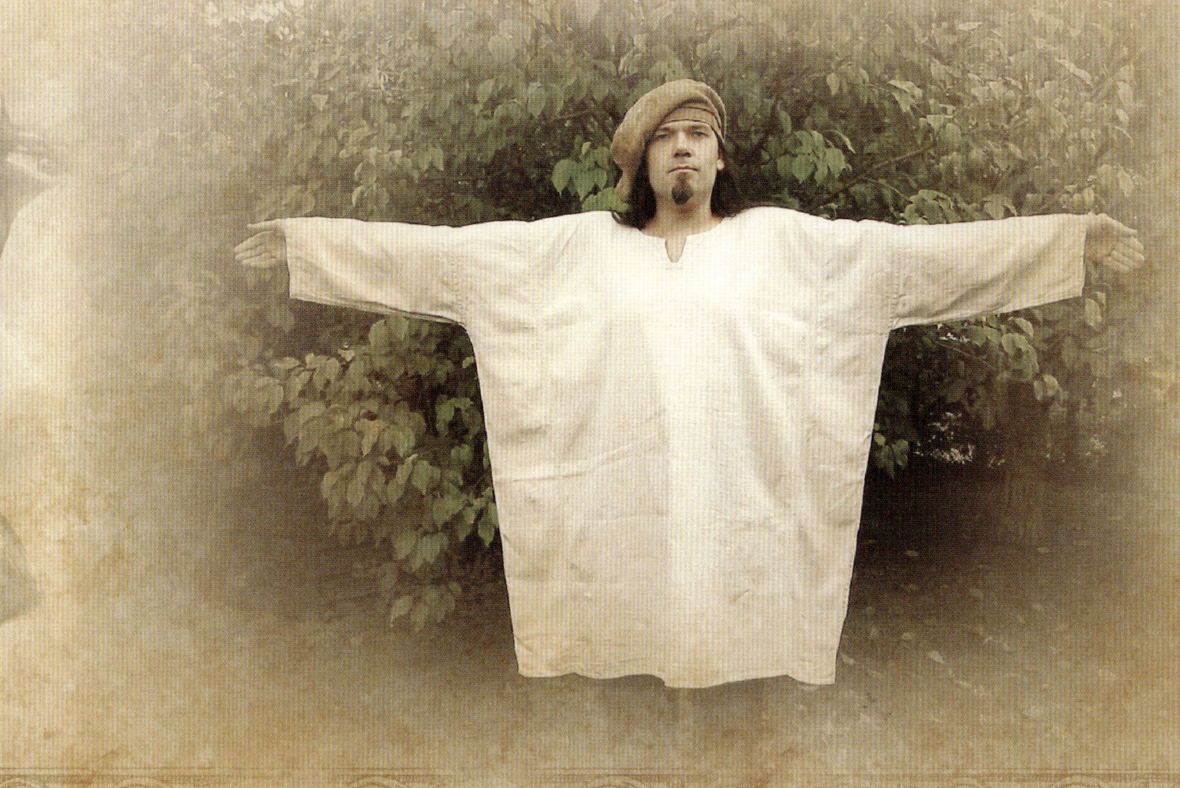

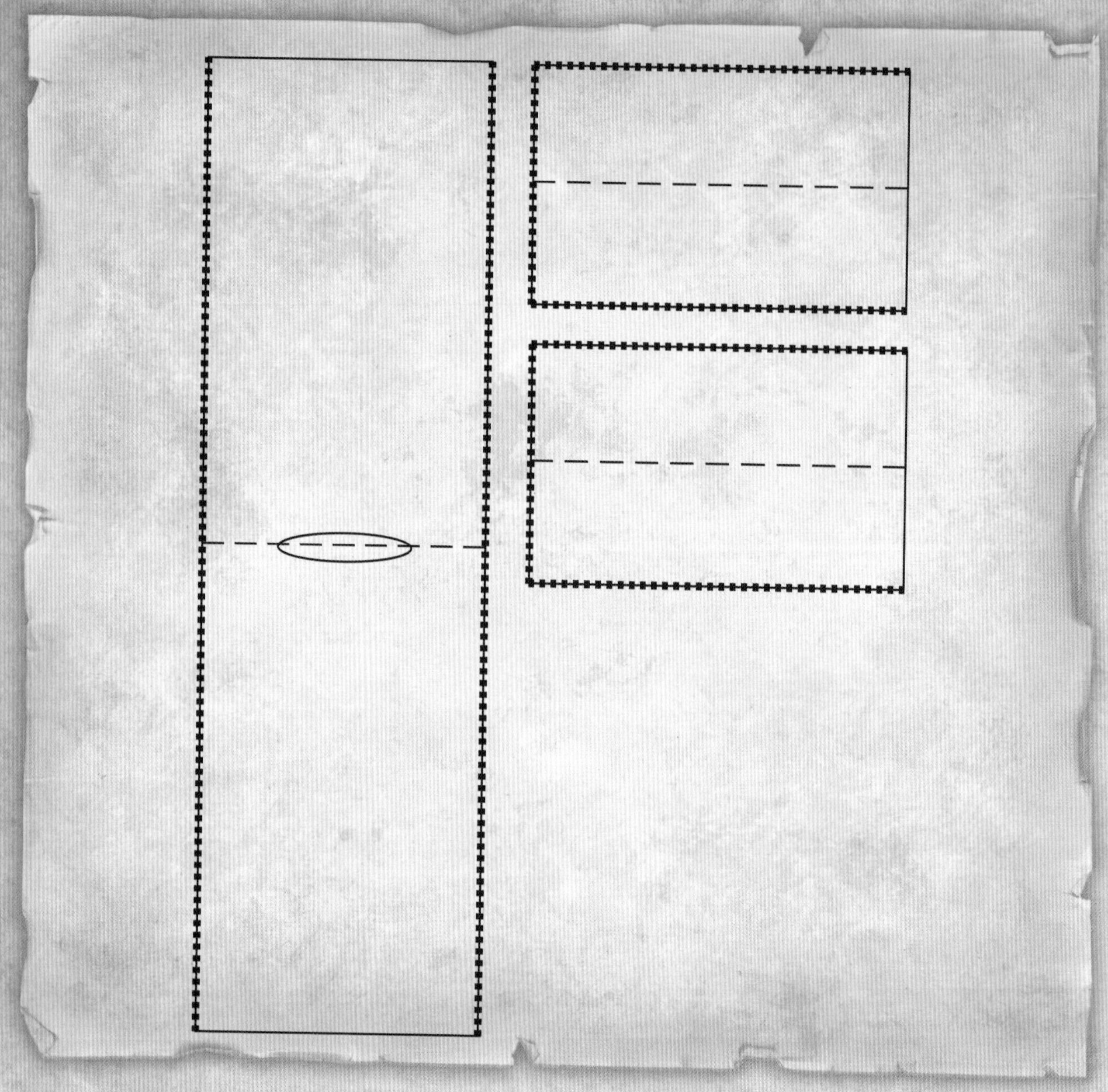

Maße

Die Gesamtlänge wird von der Schulter hinunter bis zur Mitte des Oberschenkels gemessen, plus 4 cm Saum. Grundsätzlich sind natürlich auch längere oder kürzere Varianten möglich.

Der Halsausschnitt kann kreisrund oder eckig ausgeschnitten werden. Dabei sollte der Durchmesser des Halsumfangs (meistens 13 bis 17 cm plus ca. 2 cm Nahtzugabe) verwendet werden.

Die Schulterbreite sollte eher großzügig ausfallen. Dafür wird die Breite von einer Schulter zur anderen plus etwa 4 cm plus 2 bis 3 cm Nahtzugabe verwendet.

Für die Ärmel wird die Länge von der Schulter über den leicht angewinkelten Ellenbogen bis hin zum Handgelenk gemessen, plus 4 cm Saum und 2 bis 3 cm Nahtzugabe oben. Die Breite ergibt sich aus dem Oberarmumfang plus 5 cm plus 2 bis 3 cm Nahtzugabe. Selbstverständlich sind auch kurzärmlige Hemden machbar.

Arbeitsschritte

1. Den Stoff der Länge nach falten, so dass sich Vorder- und Hinterteil ergeben.
2. Für den Halsausschnitt mittig einen Kreis aufzeichnen, ausschneiden und mit einem einfachen Stich umstechen.
3. Die Seiten zusammennähen (Stück für die Ärmel offen lassen!), den Saum zweimal umschlagen und absteppen.
4. Schließlich die Ärmel falten, zusammennähen, Saum zweimal umschlagen und absteppen. Ärmel am Gewand anbringen, fertig!

Die Gugel

Im Mittelalter gehörte die Gugel zu den am häufigsten getragenen Kleidungsstücken. Diese einfache und nützliche Kopfbedeckung wurde im 12./13. Jahrhundert entwickelt und war besonders bei Reisenden beliebt. Zunächst wurde sie vorwiegend vom einfachen Mann getragen, später kam die Gugel auch bei Frauen und bei Adligen in Mode. Sie war ein die Schultern bedeckender Überwurf mit einer Kapuze und schützte Kopf und Oberkörper gegen Wind und Regen.

Der Schnitt einer Gugel besteht aus zwei gleichen Teilen, die aufeinandergenäht werden. Die Abmaße für den Kopfbereich, den Schulterbereich und besonders den Zipfel können stark variieren. Für den Kopfbereich ist es wichtig, dass der Umfang der Öffnung ein einfaches Überstreifen der Kapuze erlaubt. Im Schulterbereich (Kragen) wurde die Naht auf der vorderen Seite häufig durch eine Knopfleiste ersetzt oder es wurde ganz auf sie verzichtet.

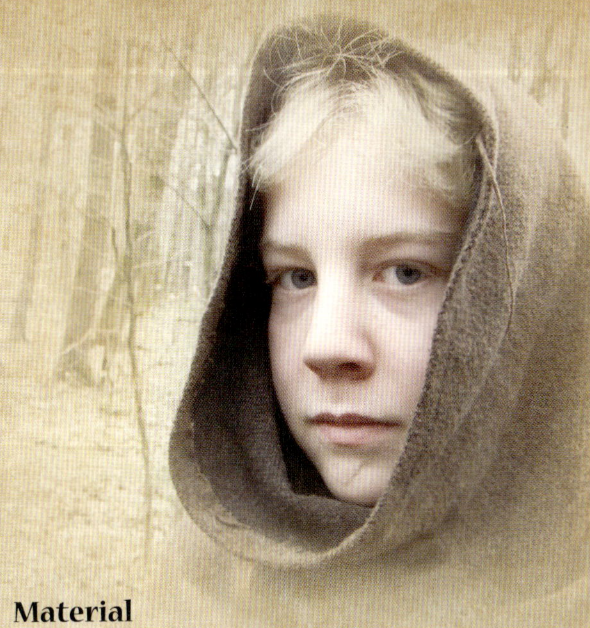

Material

Als Material können Wollstoffe (besonders schön ist Loden) oder Leder verwendet werden. Die Stoffbreite sollte je nach Zipfellänge etwa 1 bis 1,5 m betragen. Für den Umnähbereich bieten sich eine farblich passende Borte und eventuell weitere Schmuckteile (siehe unten) an.

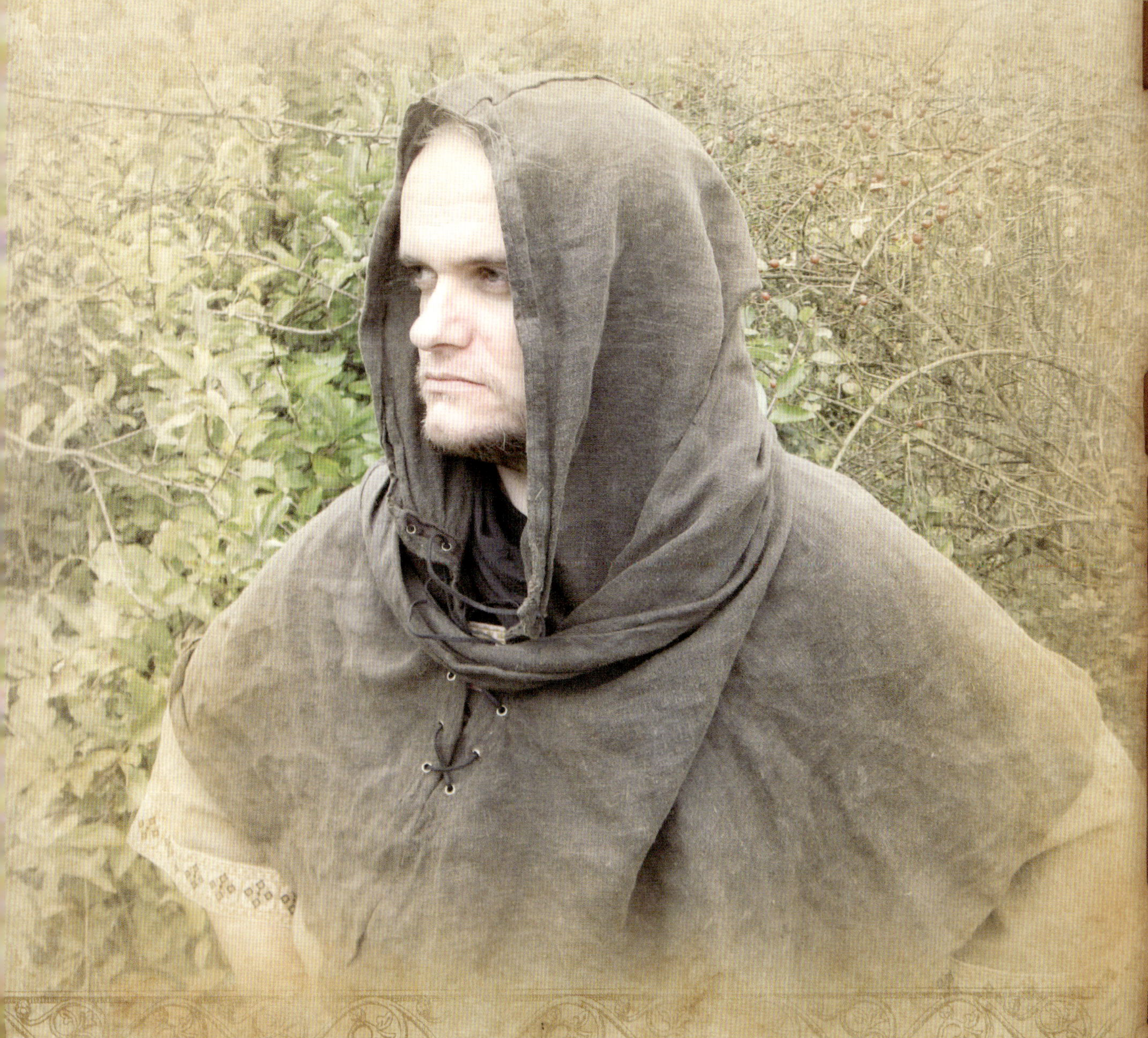

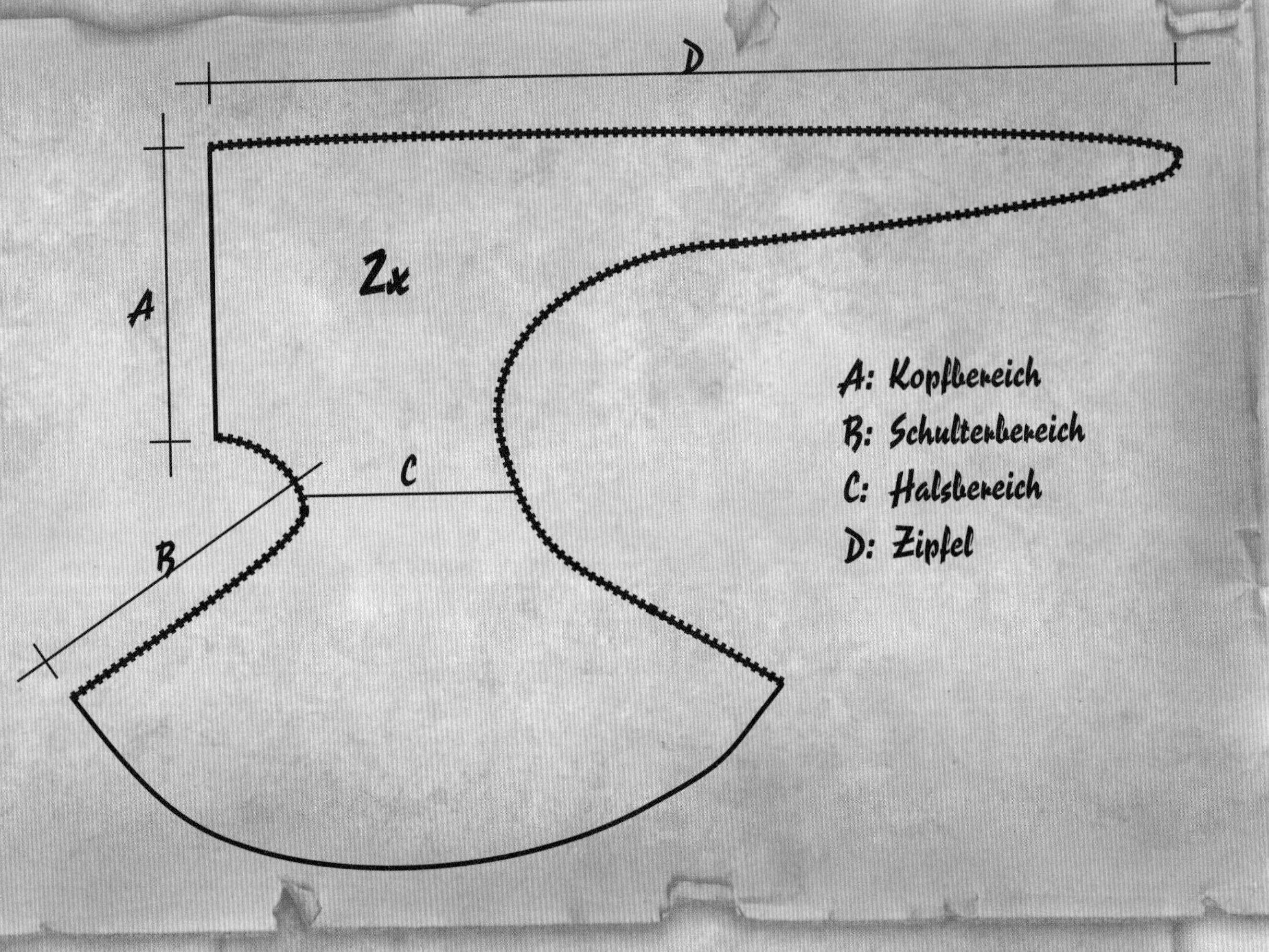

Einige Beispiele für Zaddel-Muster

Maße

Kopfbereich (A): Halber Gesichtsumfang (Kinn über Wangen bis zum Haaransatz) mit 10 cm Zuschlag.

Schulterbereich (B): Der Radius des etwa Viertel-Kreises sollte ausreichen, um die Schultern abzudecken, daher Länge von Hals zur Schulter mit 10 cm Zuschlag. Bei einer Knopfleiste sollten einige Zentimeter Rand für den Überlappungsbereich zugegeben werden.

Halsbereich (C): Bei komplett vernähtem Schulterbereich mindestens halber Kopfumfang mit 5 cm Zuschlag, damit sie auch angezogen werden kann. Offen oder mit Knopfleiste reicht auch der halbe Halsumfang mit 5 cm Zuschlag.

Zipfel (D): Die Länge von der Stirn bis zum Ende des Zipfels kann 50 bis 150 cm erreichen.

Arbeitsschritte

1. Anzeichnen: Schnittmuster wie im Schaubild angegeben; bei allen zu vernähenden Kanten 2 cm Nahtzugabe anzeichnen.
2. Schneiden: Angezeichnetes Muster vollständig ausschneiden. Vor dem Nähen des Zipfels an der Spitze die Nahtzugabe mehrfach einschneiden, damit er beim Umstülpen schön rund wird.
3. Vernähen: Beide gleichen Teile aufeinanderlegen und entsprechend markierte Kanten vernähen. Im Kopf- und im Schulterbereich mit Borte umnähen oder säubern.

Alternativ sind im Schulterbereich auch Saumvarianten in „Zaddel"-Mustern möglich. Weiteren Verzierungen mit Knöpfen, Bändern, Nieten, Fransen, Ösen, Glöckchen und sonstigem Schnickschnack sind keine Grenzen gesetzt.

Weiterentwicklung der Gewandung

Das optische Flair eines Charakters lebt natürlich nicht nur von seiner Kleidung. Zu großen Teilen tragen verschiedene Accessoires und andere Besonderheiten zu einem stimmigen Gesamtbild und einem hohen Wiedererkennungswert bei.

Du willst Deinen Charakter gern noch individueller gestalten? Kleidung ist nicht das einzige optische Highlight! Wie wäre es mit:

- **einem geschminkten oder mit Runen verzierten Gesicht,**
- **bunten Beutelchen und Taschen am Gürtel für Werkzeuge, Komponenten et cetera,**
- **einem besonderer Duft (z. B. Patchouli oder Moschus),**
- **einer besonders geformten oder mit Runen verzierten Waffe,**
- **klingenden Glöckchen, die an der Gewandung angebracht werden,**
- **einem auffälligen Stab oder Gehstock,**
- **besonderem Schmuck oder einem Musikinstrument,**
- **einer besonderen Frisur (Irokesenschnitt, gezwirbelter Schnurbart, Haarteil),**
- **einer außergewöhnlichen Kopfbedeckung oder Blüten im Haar?**

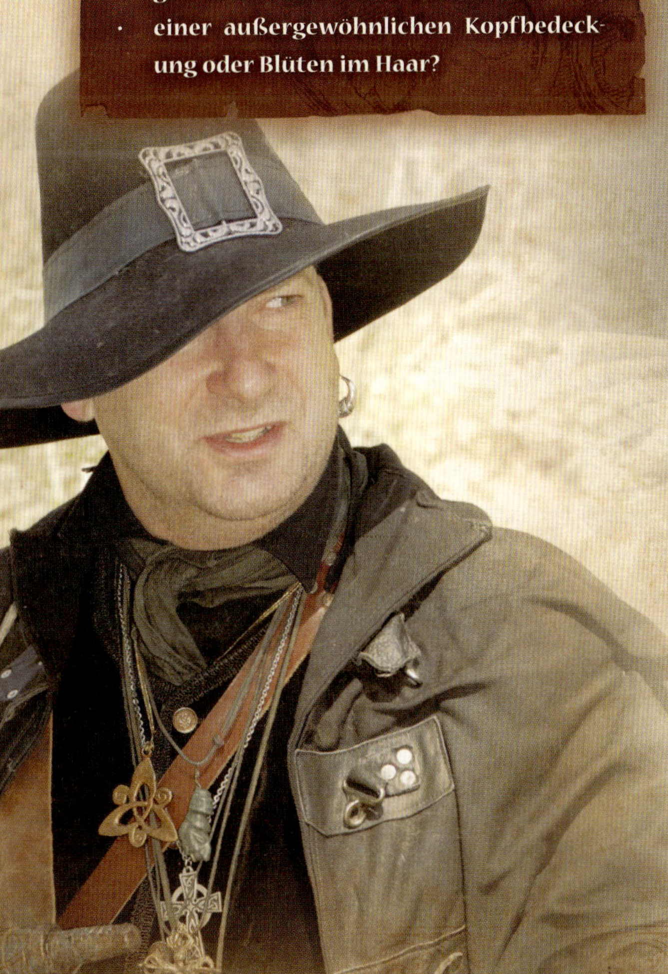

Es gibt viele Möglichkeiten, einen Charakter besonders aussehen zu lassen. Die Gewandung entwickelt sich dabei mit jedem besuchten LARP weiter – immer wieder bekommt man neue Ideen und Inspirationen dafür, was man noch ändern oder beifügen könnte.

Alana Donnerschlag schließt Freundschaft mit einer Gruppe, die sich „Orden des Einhorns" nennt. Als Zeichen der Verbundenheit trägt Alana ab jetzt ein silbriges Einhorn als Kette um den Hals.

Die In-time-Ausrüstung

Man kann auch jenseits der Gewandung eine ganze Menge nützlicher und Ambiente-tauglicher, mehr oder weniger tatsächlich kleiner Kleinigkeiten mit sich herumschleppen.

Ein Alchimist benötigt eine Menge Ingredienzien und kleine Glasfläschchen, Tiegel, Töpfe und Rezepte. Ein Magier trägt unter Umständen die ein oder andere Truhe mit alten Büchern und Zauberkomponenten mit sich herum, während der Ritter ein ganzes Ritterzelt, ausgestattet mit Teppichen, Kerzenleuchtern, Tischen, Bänken und Bannern, mit auf die Reise nimmt.

Hier muss man sich über eines klar sein: Es macht viel Arbeit, all die Dinge mit sich herumzuschleppen – aber es lohnt sich. Durch schön eingerichtete Zelte, also In-time-Zelte, gibt es weniger Out-time-Zonen, und das Ambiente erreicht ein höheres Niveau.

Also greift in die Ausstattungskiste: Durchsucht Opas Dachboden und Omas Rumpelkammer, geht auf Floh- und Trödelmärkte, sucht in Baumärkten und Ramschläden – Ihr werdet unter Garantie fündig und könnt die Umgebung Eures Charakters glaubwürdig und schön ausstatten.

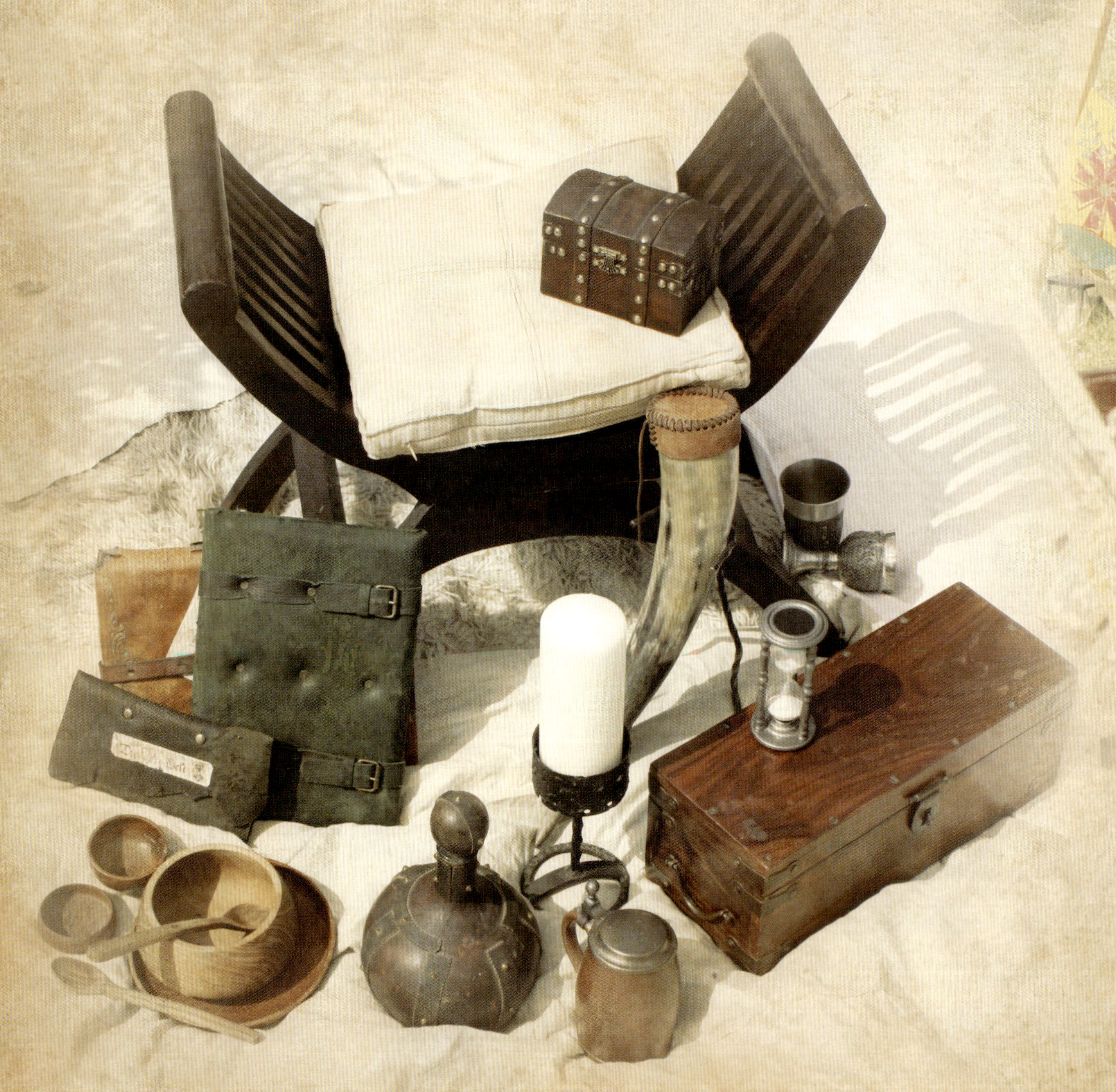

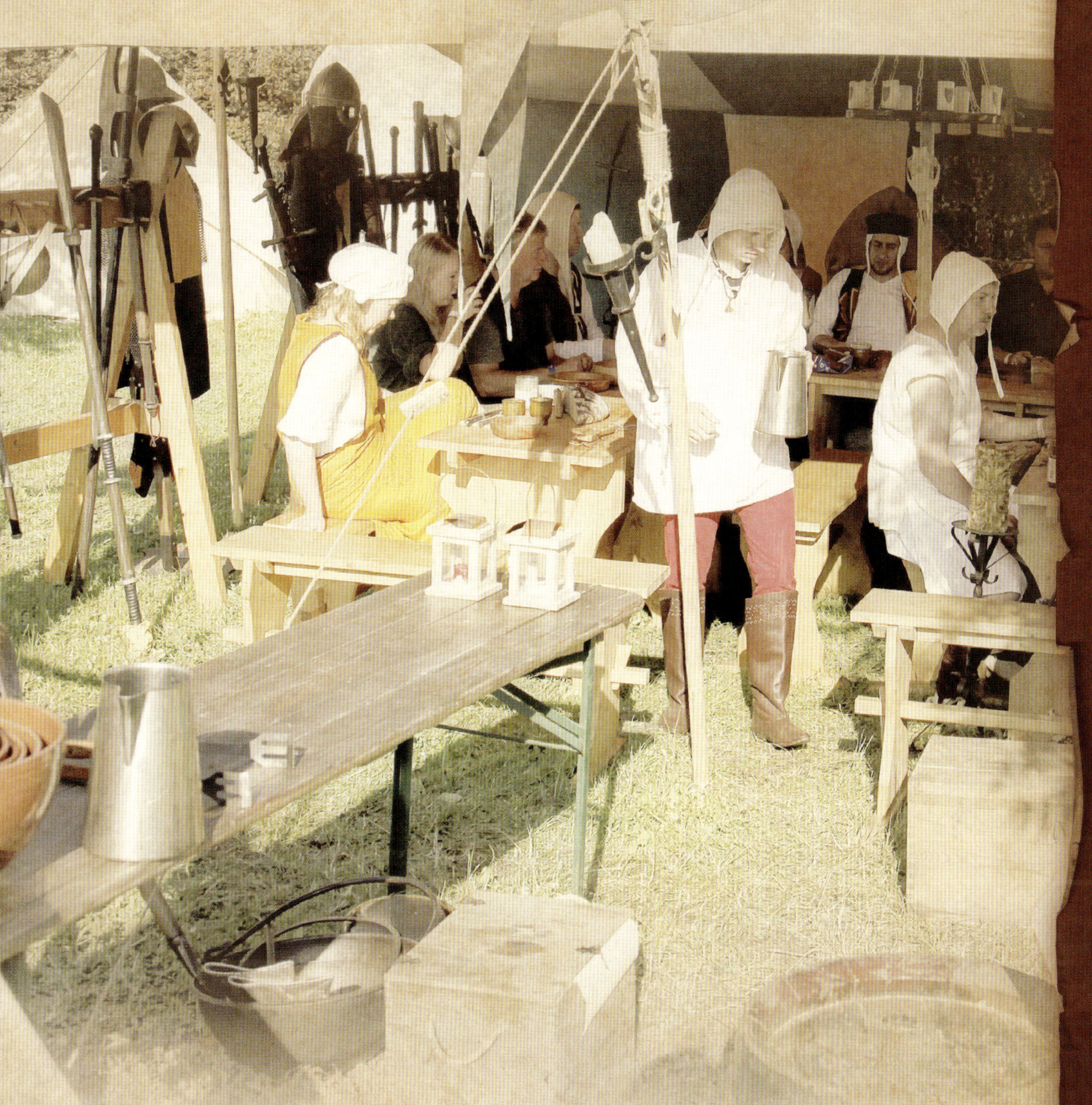

Deine Ausrüstung

Was wird gebraucht?

Nun ist Dein Charakter fertig und ausgestattet, doch bevor es losgeht, brauchst auch Du noch einige Dinge zum Überleben auf einem Live-Rollenspiel. Klar – eigentlich benötigst Du nur die Dinge, die Dein Charakter benötigt, aber manche Gegenstände aus der komfortablen und modernen „echten" Welt können enorm praktisch sein. Um den Eindruck einer Szene nicht zu stören, sollten moderne Gegenstände wie Mobiltelefone, Luftmatratzen, Feldbetten, Wasserkisten oder Klappboxen am besten mit Stoffen oder Fellen abgedeckt oder verhangen werden. Jutesäcke, Schaffelle oder alte Teppiche vom Flohmarkt leisten hierzu gute Dienste.

Alle neuzeitlichen Gegenstände sind so zu verbergen, dass sie das Ambiente nicht stören. Armbanduhren bitte abnehmen!

An erster Stelle sei festes und bequemes Schuhwerk genannt. Festes, wasserdichtes (!), bequemes, warmes Schuhwerk ist das A und O auf einem LARP. Man läuft sehr viel durch unwegsames Gelände, springt und klettert herum, trampelt durch nasses Gras oder die ein oder andere Schlammpfütze, und da kann man Blasen oder nasse Füße wirklich nicht gebrauchen. Wer kann und möchte, leistet sich Ambiente-taugliches Schuhwerk – es gibt mittlerweile eine Menge Läden, die Mittelalterschuhe und -stiefel vertreiben, wenn auch immer noch zu stolzen Preisen. Wer anderes Schuhwerk bevorzugt, kann dieses, wenn nötig, unter Stulpen aus Stoff oder Fell verstecken.

Alles ist zu ertragen – außer nasskalten Füßen. Vergiss Deine Ersatzschuhe nicht!

Die nachfolgenden Gegenstände schwanken in ihrer Wichtigkeit zwischen unabdinglich und entbehrlich. Selbstverständlich benötigt man auf einem Zelt-Con eine Isomatte oder noch besser ein Feldbett, damit man es in den wenigen Stunden, in denen man (vielleicht) zum Schlafen kommt, auch gemütlich hat.

- Feldbett oder Isomatte
- Schlafsack
- Taschenlampe
- Ambiente-taugliches Essgeschirr und Trinkbecher (z.B. aus Holz)
- Scharfes Messer
- Schnur
- Heftzwecken
- Verbandszeug, Pflaster
- Schere
- Warme Kleidung für „untendrunter", bei sehr kalten Temperaturen Thermounterwäsche
- Tücher und Stoffe zum Abdecken der OT-Gegenstände

Kaufen, leihen, bauen

Viele Dinge, die man als Live-Rollenspieler braucht, kann man sich leihen – die meisten Sachen, die man sich kaufen kann, sind in unterschiedlichen Qualitäten verfügbar. Und schließlich ist der Selbstbau für geübte Handwerker auch immer eine Option.

Wer Spaß am Basteln und Bauen hat, der kann dies grundsätzlich auch gern tun. Es gibt jedoch einige Utensilien, bei deren Bau man unbedingt einschlägige Foren und erfahrene Spieler konsultieren sollte, bevor man sich ans Werk macht. Hierzu gehören insbesondere LARP-Waffen und ganz speziell LARP-Pfeile. Rüstungen sind in der Regel sehr robust, daher kann man sie sich bedenkenlos ausleihen. Anders sieht es mit Polsterwaffen und LARP-Pfeilen aus. Hier leiht man sich entweder ältere Kaliber oder kauft sich selbst etwas im Fachhandel.

In einer Gruppe oder allein?

Wer niemanden hat, der ihn auf sein erstes Abenteuer begleitet, der sei beruhigt: LARPer sind ein freundliches, aufgeschlossenes Völkchen, und spätestens vor Ort kommt man schnell in Kontakt mit den Mitspielern.

Wenn man allerdings schon in einer Gruppe anreisen möchte und sich im Vorfeld austauschen will – zum Beispiel um eine Spielidee zu verwirklichen, die man alleine nicht umsetzen kann –, dann sollte man in einschlägigen Foren oder Chats nach Gleichgesinnten stöbern. Das ist einfacher als man denkt, denn auch im Internet suchen Neulinge andere Neulinge, und tapfere Zwergenkrieger sind auf der Suche nach lieblichen Elfenmaiden.

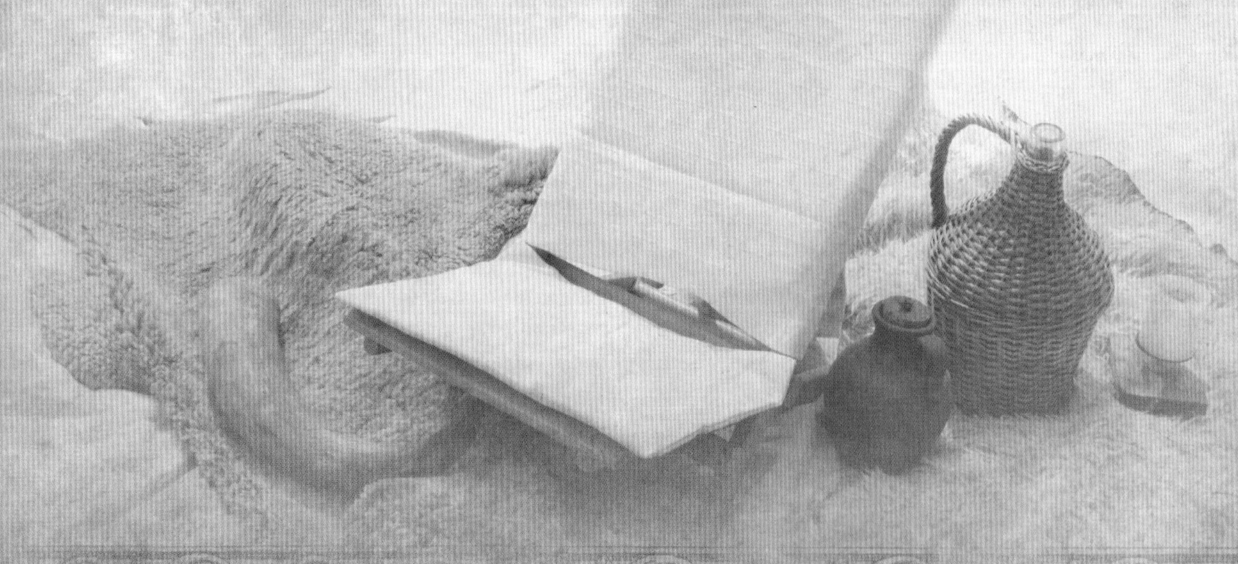

Die allerletzten Vorbereitungen

Sind erst einmal der Charakter erstellt, die Gewandung geschneidert, die Polsterwaffe bestellt, das Zelt geliehen, die Requisiten besorgt, das erste LARP ausgewählt, die Anmeldung unterschrieben, die Verpflegung eingekauft und eine freundliche Begleitung gefunden, dann beginnt der mit Abstand schwierigste Teil des Live-Rollenspiels: das Packen.

Es ist bereits ein Abenteuer, zu beobachten, was Live-Rollenspieler alles zum Con mitbringen. Neben dem üblichen Allerlei wie Zelte, Sitzgelegenheiten, Feldbetten, dutzende Decken und Felle, Gewandung und bergeweise Requisiten und Verpflegung, bringen manche LARPer auch einen Ofen, einen Schaukelstuhl oder sogar eine ganze Schmiede samt Amboss mit zum Veranstaltungsort. Zugegeben: Diese Profis unter den LARPern kommen nicht ohne Anhängerkupplung und Dachgepäckträger aus. Aber die Menge an Material, die sich über kurz oder lang ansammelt, sollte auch von anderen Spielern nicht unterschätzt werden.

Angekommen auf dem Platz, sucht man die Spielleitung. Die SL ist meist leicht erkennbar, denn sie trägt ein Erkennungszeichen. In der Regel eine rote Schärpe – in der Dunkelheit ist es z. B. rotes Knicklicht.

Die SL weist den Spielern einen Schlafplatz zu. Ist dieser eingerichtet – also das Zelt aufgebaut oder das Zimmer bezogen –, bringt man sein Auto zu einem Sammelparkplatz, wo es möglichst wenig das Spielgeschehen stört. Hat man schließlich sein Gewand angelegt, geht es auf zum Check-In. In möglichst ungestörter Atmosphäre bespricht man letzte Details über Regeln und Charakter mit der Spielleitung. Um nicht alles doppelt und dreifach erzählen zu müssen, hält die SL kurz vor Spielbeginn noch eine kurze Ansprache. Das Spielgebiet wird erklärt, Sanitäter werden vorgestellt und letzte organisatorische Details werden bekannt gegeben. Und dann – wenn all dies geschehen, gesagt, besprochen und vorgestellt wurde, dann heißt es endlich:

Time-in!

Und da manche Spielleitung es nun selbst nicht mehr erwarten kann, loszulegen, folgt gern ein Stichwort, welches unmissverständlich klar macht: „Ja, jetzt ist etwas passiert, auf das ich reagieren muss."

Erdstoß!

Weiterführende Links

www.larpkalender.de
Die älteste und bekannteste öffentliche Termindatenbank innerhalb der LARP-Szene.

www.larpzeit.de
LARPzeit – das Live-Rollenspiel-Magazin bietet umfassende Informationen rund um das Hobby Live-Rollenspiel.

www.larpwiki.de
Ein LARP-Nachschlagewerk von LARPern für LARPer im Wikipedia-Stil.

www.larper.ning.com
Ein umfangreiches soziales Netzwerk für Live-Rollenspieler, in dem leider teilweise ein recht rauer Umgangston gepflegt wird.

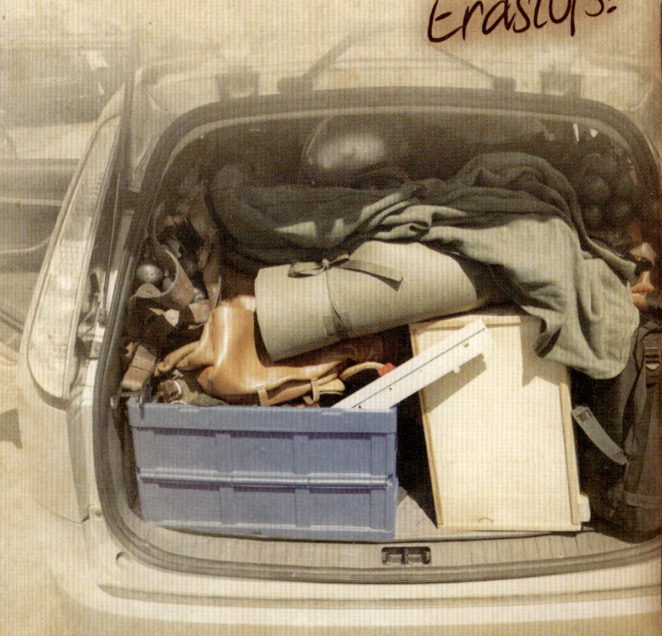

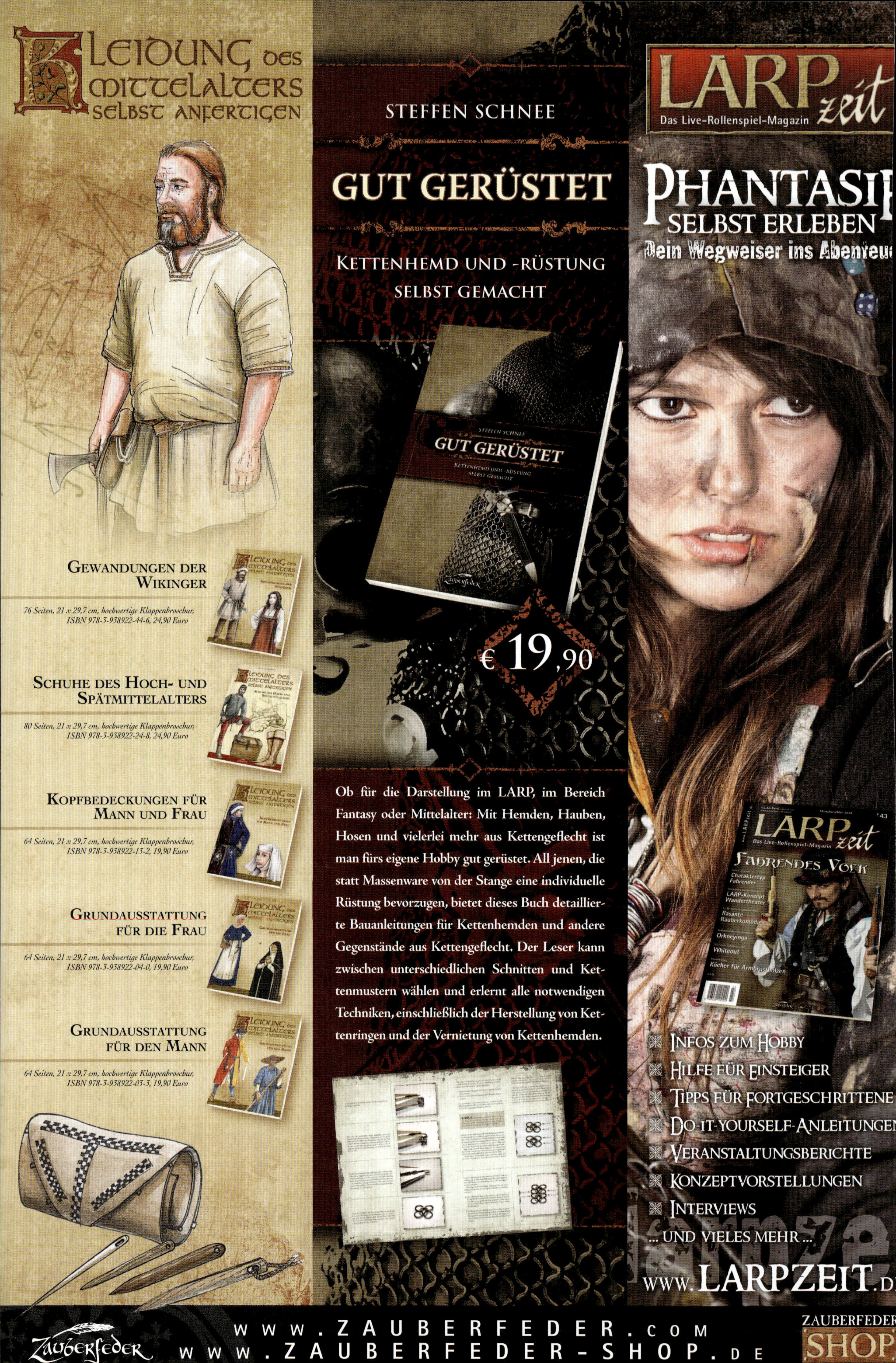